Wem nützt die „Aufarbeitung“?

Über dieses Buch

Die „Aufarbeitung der SED-Diktatur", angeführt von der gleichnamigen Bundesstiftung, prägt staatlich subventioniert die öffentliche Meinung zur DDR und den Umgang mit ihren ehemaligen Bürgern. Dabei ist das vermittelte Geschichtsbild höchst einseitig, ihre Öffentlichkeitspolitik denunziert die Lebensleistung zahlloser Menschen und zerstört Existenzen. Matthias Krauß stellt die entscheidenden Fragen: Welches Bild von der DDR zeigt die Aufarbeitung, und in welchem Verhältnis steht es zur Realität? Was treibt die Aufarbeiter an, welcher Methoden bedienen sie sich? Und schließlich: Welche verheerenden Folgen hat ihr Wirken?

Über den Autor

Matthias Krauß, geboren 1960, ist Journalist. Von 1986 bis 1998 war er Redakteur der *Märkischen Volksstimme* (seit 1990 *MAZ*) im Bereich Jugendpolitik. Seit 1990 befasst er sich als freier Journalist vornehmlich mit der brandenburgischen Landespolitik und publiziert u. a. für *Junge Welt* und *Neues Deutschland*. Buchpublikationen u. a.: „Das Mädchen für alles – Angela Merkel" (2005), „Völkermord statt Holocaust" (2007). Krauß lebt in Potsdam.

Matthias Krauß

Wem nützt die „Aufarbeitung“?

Die institutionalisierte Abrechnung

Eine Streitschrift

edition ost

Inhalt

„Die sogenannte historische Entwicklung beruht überhaupt darauf, dass die letzte Form die vergangenen Stufen zu sich selbst betrachtet und, da sie nur selten oder unter ganz bestimmten Bedingungen fähig ist, sich selbst zu kritisieren, sie immer einseitig auffasst.“

Karl Marx

Vorwort

Sich mit dem Phänomen „Aufarbeitung" kritisch zu befassen kommt dem Stich in ein Wespennest gleich. Aber: „Wer weiß, wie hoch das Münster ist – wer drinsteht oder wer danebensteht?" Bei einer Beurteilung dessen, was die Aufarbeiter leisten und wie sie auf die Gesellschaft einwirken, kommt es also darauf an, nicht einträchtig mit ihren geistigen und politischen Vorgaben zu schwingen und diese wortlos zu akzeptieren, sondern den Vorgang gleichsam von außen wahrzunehmen. Was behaupten die Institutionen der Aufarbeitung von sich, worin sehen sie ihre Aufgabe und was sind ihre Resultate? Existiert ein Widerspruch zwischen Anspruch und Realität, und wenn ja – wo und wie kommt er zum Ausdruck?

Zur sachlich-kritischen Betrachtung muss auch gehören: Wie kommt es überhaupt zu einer solchen Ideologie- und Geschichtsbild-Fabrikation? Welche Bedürfnisse kommen bei diesem Vorgang zum Ausdruck? In welchem Umfeld entstand die Aufarbeitungsindustrie und was hält sie bis heute so rüstig am Leben?

Enorm wichtig und aussagekräftig hierbei ist die in Anschlag gebrachte Methodik: Was betrachten die Aufarbeiter bei ihrer Tätigkeit, und was klammern sie notorisch aus? Zu welchen Mitteln, zu welchen Techniken greifen sie? Sind die Methoden lauter und halten sie wissenschaftlicher Betrachtung stand?

Die DDR ist Geschichte, und es ist heute praktisch gesehen ziemlich egal, ob sie noch „verteidigt" wird oder nicht. Man kann es tun, oder man kann das Gegenteil tun – beides wird an den Gegebenheiten nichts ändern. Nur noch das geschichtliche Bild von diesem deutschen Staat, in dem ein knappes Jahrhundert lang die traditionellen Machteliten Deutschlands nicht zum Zuge kamen, ist es, das als veränderbar und gestaltbar gelten kann. Das ist das Feld der Aufarbeitung. Hier tummelt sie sich engagiert und ordentlich finanziert.

Tatsächlich wäre es wichtig, die DDR in ihren Schwächen und Vorzügen wahrzunehmen und Schlussfolgerungen abzuleiten. An sachlicher, ausgewogener Aufarbeitung dieses interessanten Teils der deutschen Geschichte besteht ungebrochen ein großes Interesse. Das Urteil über die institutionelle Aufarbeitung müsste sich darauf gründen, inwieweit sie dem entspricht, inwieweit sie diesen Erwartungen gerecht wird.

Mithin ist es letztlich die Aufarbeitung selbst, die das Urteil über sich fällt.

„Denn eben wo Begriffe fehlen,
da stellt das Wort zur rechten Zeit sich ein.“
(Goethe, „Faust I“)

Sprachkunde und Aufarbeitung

Die Wende hat im Osten Deutschlands den Sprachgebrauch nach 1990 verändert, hat dort ein neues Deutsch implantiert. Anscheinend unausrottbare Wörter wanderten über Nacht auf den Müllhaufen der Geschichte, andere begannen, das Denken der Ostdeutschen zu bestimmen. Das trug mal vernünftige Züge, mal irrelevante, mal komische. Andere aber auch. Dass ein Zigeunerschnitzel nun ein Jagdwurstschnitzel sein muss, sei's drum. Dass man von der Autobahn laut Verkehrsschild nicht mehr abfährt, sondern ausfährt, ist einfach nur Vereinheitlichung. Und wenn unsere westdeutschen Mitbürger partout nicht in einer Kaufhalle einkaufen wollen, sondern in einem Supermarkt, so ist auch das geschenkt. Schon böse Anklänge dagegen hat es, wenn sich am Berliner Alexanderplatz die berühmte Weltzeituhr nach aufwendiger Sanierung und Rekonstruktion nicht nur in neuem Glanz präsentiert, sondern auch in einem veränderten. Denn im Zuge dieser Überarbeitung ist auf der Uhr aus der Bezeichnung der slowakischen Hauptstadt

Bratislava „Pressburg“ geworden. Hier hat das neue Deutsch einen ganz alten Klang – und zwar keinen guten. Der berechtigte Protest der slowakischen Botschaft folgte auf dem Fuße.

Der Schinkel-Bau Neue Wache, wir bleiben im Berliner Zentrum, hat ebenfalls eine Überarbeitung hinter sich. Zu DDR-Zeiten wurde hier der „Opfer des Faschismus und Militarismus“ gedacht. Das konnte nach der Wende unmöglich so stehen bleiben. Nun liest der ehrfürchtige Besucher: „Den Opfern von Krieg und Gewaltherrschaft“. Das ist eine bedeutungslose Veränderung? Mitnichten. Dieser Schriftaustausch ist ein Gedankenaustausch. Nunmehr wird in dieser zentralen Gedenkstätte auch ehrend an die SS erinnert, jedenfalls an jenen Teil der SS, der im Krieg umkam. Nun ehrt Deutschland auch Hitlers Blutrichter Roland Freisler in dieser Neuen Wache. Denn er kam bei einem Bombenangriff ums Leben, muss mithin zu den Kriegsopfern gerechnet werden. Mit der DDR-Formulierung wäre das nicht möglich gewesen.

Es tauchte alsbald östlich der niedergerissenen Mauer ein Wort auf, das weder dem Duden noch dem Fremdwörterbuch der DDR einen Eintrag wert war und doch nach 1989 auch in Ostdeutschland breite Entfaltung genoss: „Holocaust“. An dieser Stelle waren im offiziellen DDR-Deutsch „Völkermord“ oder „Massenmord an Juden“ im Angebot, „Holocaust“ gab es nicht. Doch legte auch in dieser Frage der siegreiche Westen alsbald den Sprachgebrauch fest, so fragwürdig er auch sein mochte. Der Begriff, der ursprünglich das rituelle Brandopfer von Tieren bezeichnet, findet sich seit dem 12. Jahrhundert auch für die Beschreibung von Feuerkatastrophen mit vielen menschlichen Opfern, über den englischen Sprachraum etablierte er sich ab 1895 für Völkermord im Allgemeinen und schließlich ab 1942 für den Massenmord an den europäischen Juden im Speziellen.

In Westdeutschland wurde er erst 1978 durch den gleichnamigen US-amerikanischen Fernsehfilm populär. Dieses überaus fremd klingende Wort fiel in der westdeutschen Öffentlichkeit auf fruchtbaren Boden. Es bietet eine Reihe von „Vorteilen", aber der wichtigste ist doch – wie übrigens auch bei „Shoa" – seine exklusive Fremdheit, mit der dieses ungeheuer deutsche Verbrechen benannt, aber zugleich auf Distanz gehalten werden kann. Wer heute diesen Begriff im Munde führt, der sollte sich bewusst sein, dass er damit den Ereignissen in Auschwitz und Treblinka die Weihe eines göttlichen Opfers verleiht. Doch weder diese Tatsache noch dass dieses Wort in Israel abgelehnt wird, kann die Begeisterung der Westdeutschen für den Begriff „Holocaust" schmälern.

Ein anderer Begriff drang nach 1990 ebenfalls auf das Gebiet der neuen Länder vor, der allerdings keineswegs fremd klingt. Und dennoch war er im Osten – zumindest in diesem speziellen Gebrauch – gänzlich neu. Es ist die „Aufarbeitung". Dieses Wort betrat vor 25 Jahren gewissermaßen jungfräuliches Terrain. Es hat seither eine Führungsposition eingenommen und behauptet sie bis zum heutigen Tag. „Aufarbeitung" in diesem Sinne ist ein Kunstwort und zum ewigen Modewort geworden. (Wie laut Victor Klemperer übrigens schon die „Wende" ein „beliebtes Kunstwort der Hitlerei" gewesen ist.)

Nicht dass die Aufarbeitung als Begriff sich nicht schon längst in der deutschen Sprache breitgemacht hätte. In der alten Bundesrepublik war sie als Bestandteil des sprachlichen Grundarsenals der innenpolitischen Auseinandersetzung um den Umgang mit der NS-Zeit eingeführt, was im nächsten Kapitel genauer zu betrachten ist. Mit dem Beitritt der DDR zum Geltungsbereich des Grundgesetzes allerdings eroberte er sich ein neues Spielfeld: Für Dinge, die mit der DDR in Zusammenhang stehen, ist „Aufarbeitung" scheinbar die einzig mögliche Herangehensweise.

Kleinigkeiten markieren mitunter allergrößte Eigenheiten. Der Standard-Duden der DDR führte weder das Stichwort „Aufarbeitung" noch das zugehörige Verb „aufarbeiten". Auch im DDR-Fremdwörterbuch suchte man dieses Wort vergebens. Eigentlich war das nicht zu verstehen, denn im Gebrauch war es seinerzeit in der DDR dennoch, etwa, wenn es darum ging, ein altes Möbelstück aufzuarbeiten, ihm gewissermaßen alten Glanz zurückzugeben.

Man kann es also mit einiger Berechtigung als einen Fremdkörper betrachten, was unter dem Lexem „Aufarbeitung" nach 1990 in Ostdeutschland implantiert worden ist. Seine Konjunktur hält ungebrochen an. Es ist schwer, einen vergleichbaren Vorgang in anderen Ländern zu finden, wie es auch schwierig ist, das Wort „Aufarbeitung" in andere Sprachen zu übersetzen. Umso merkwürdiger, dass daraus im deutschen Sprachraum eine Selbstverständlichkeit geworden ist, die nicht hinterfragt werden muss. Denn gerade was scheinbar jeder Beweisführung enthoben ist, sollte immer wieder und sehr genau hinterfragt werden. Zumal wenn es sich um einen ideologischen Vorgang handelt, der auch noch in Deutschland stattfindet, und wenn ein beträchtlicher Personenkreis recht gut davon lebt und öffentliche Gelder für sich abzweigen kann.

Als Synonyme zu „Aufarbeitung" bieten sich folgende an: Aufklärung, Ausbesserung, Auseinandersetzung, Beleuchtung, Erledigung, Beschäftigung, Untersuchung, Verarbeitung, Wiederherstellung, Bewältigung, Neubewertung. All das gefiel den Akteuren so wenig, dass es die „Aufarbeitung" sein musste. Aber warum?

Woran will man denn in der Vergangenheit überhaupt arbeiten? Man kann die Vergangenheit weder be-, über- noch aufarbeiten, sie entzieht sich jeglicher Bearbeitung.

Man kann sie nur anders bewerten. Man kann darüber hinaus immer mal wieder verschiedene Schlussfolgerungen aus ihr ziehen. Deshalb tut man gut daran, den Begriff mit Abstand und kritisch prüfend zu betrachten. Es ist immer auch von der Möglichkeit auszugehen, dass mit diesem Begriff etwas getarnt werden soll. Dass also das eigentliche Ziel gar nicht genannt wird.

Der neueste Duden erklärt „aufarbeiten" folgendermaßen:

1. a. (Liegengebliebenes) erledigen
   b. aufbrauchen, völlig verarbeiten
2. zusammenfassend betrachten, bearbeiten
3. sich mit etwas auseinandersetzen, um Klarheit darüber zu gewinnen; etwas geistig verarbeiten
4. (alt und unansehnlich Gewordenes) erneuern, überholen, auffrischen
5. (seltener) sich aufraffen, sich unter Anstrengung langsam erheben

Was Aufarbeitung im politischen Sinne betrifft (und nur die interessiert an dieser Stelle), scheint das Stichwort 3 das bestimmende zu sein. Einbezogen werden kann auch noch Punkt 2. Wenn sich ein wesentlicher Bereich der Auseinandersetzung mit der DDR-Geschichte also in diesen Begriff kleidet, gilt es zu überprüfen, ob sie dessen Implikationen überhaupt einlöst oder Etikettenschwindel betreibt. Geht es bei der DDR-Aufarbeitung darum, sich mit diesem Staat auseinanderzusetzen? Streben die Aufarbeiter an, Klarheit zu gewinnen? Handelt es sich um das Vorhaben, die Vorgänge in diesem Staat geistig zu verarbeiten?

Wie beim Beispiel der Inschrift in der Neuen Wache ist also der Gebrauch von Begrifflichkeiten zu hinterfragen, und ferner: Was vollzieht sich unter dem sprachlichen

Wimpel Aufarbeitung? Wie kam es dazu, dass er einem ideologischen Großmanöver voranschwebt? Wo kommt der Terminus eigentlich her? Was war Aufarbeitung einst, was ist sie heute? Wer hat sich des Begriffes früher bedient, wer tut dies heutzutage? Was wird damit mitgeteilt, was vielleicht auch verhehlt?

„Aufklärung ist der Ausgang des Menschen aus seiner selbst verschuldeten Unmündigkeit.“

(Immanuel Kant, „Beantwortung der Frage: Was ist Aufklärung?“)

Die Prägung des Begriffs durch Theodor W. Adorno

Der Sprachforscher Victor Klemperer machte einmal auf die Vergeblichkeit des Bemühens aufmerksam, den wirklichen Ursprung eines Begriffs entdecken zu wollen. Wer auch immer glaube, die Quelle gefunden zu haben, werde früher oder später eines Besseren belehrt. Die Frage ist, ob dieses Wissen überhaupt von Bedeutung ist. Weit wichtiger ist, wann ein Begriff diese oder jene Bedeutung oder auch Schlagkraft gewann, vielleicht sogar zu einem Zentralbegriff wurde. Und auch, wann, wie und warum er seine Bedeutung wechselte. Die diesbezügliche „Geburtsurkunde“ ist im Falle der Aufarbeitung klar auszumachen: Es ist der von Theodor W. Adorno 1959 verfasste Aufsatz „Was bedeutet: Aufarbeitung der Vergangenheit“. Damit drang eine Vokabel, die es zuvor schon gab, die aber noch nicht sehr verbreitet war, umfassend in das geistige Leben der Bundesrepublik vor.

Mit diesem Aufsatz hatte Adorno sich dem Bewältigungs-Gestammel der Adenauer-Republik entgegengestemmt. Sein Ziel bestand darin, angesichts von

Verlogenheit, Selbstmitleid, Vergessens- und Beschwichtigungsrethorik ein ehrliches Programm der Aufklärung über die NS-Zeit zu etablieren. Es handelt sich bei „Was bedeutet: Aufarbeitung der Vergangenheit" um einen im Herbst 1959 vor dem Koordinierungsrat der Gesellschaften für Christlich-Jüdische Zusammenarbeit gehaltenen, im November desselben Jahres publizierten Vortrag.

Eine Art Bombe war der kurze Text auch deshalb, weil er in der selbstzufriedenen Atmosphäre des westdeutschen „Wirtschaftswunders" offen aussprach, dass dort nicht bloß ein paar „Ewiggestrige" ihr Unwesen trieben, sondern dass Einstellungen und Wertvorstellungen, die in der Nazizeit geprägt worden waren, in gigantischem Ausmaß das gesellschaftliche und politische Leben bestimmten. Das Volk der Bundesrepublik hatte (sich) eine Regierung (gewählt), die dem verbreiteten Wunsch nach dem Vergessen und Verdrängen der Nazizeit entsprach. Der ökonomische Aufschwung und der mit dem „Wirtschaftswunder" gegebene relative Wohlstand breiter Kreise bildeten die materielle Grundlage für den kollektiven Wunsch nach Vergessen. Angesichts dieser überwältigenden Schlussstrichmentalität schrieb Adorno: „Man will von der Vergangenheit loskommen: mit Recht, weil unter ihrem Schatten gar nicht sich leben läßt, und weil des Schreckens kein Ende ist, wenn immer nur wieder Schuld und Gewalt mit Schuld und Gewalt bezahlt werden soll; mit Unrecht, weil die Vergangenheit, der man entrinnen möchte, noch höchst lebendig ist. [...] Daß die Vergangenheit in Deutschland [...] noch nicht bewältigt ward, ist unbestritten." Adorno weiter: „Ich betrachte das Nachleben des Nationalsozialismus in der Demokratie als potentiell bedrohlicher denn das Nachleben faschistischer Tendenzen gegen die Demokratie."

Tatsächlich formulierte Adorno eingangs, der Begriff der „Aufarbeitung" habe sich „während der letzten Jahre als

Schlagwort höchst verdächtig gemacht". Er hat ihn in seiner damals üblichen Verwendung wenn nicht abgelehnt, so doch ins Zwielicht gerückt, weil echte „Aufarbeitung" im Sinne von Ursachendurchdringung und -beseitigung gar nicht stattfände. Doch gehen in der geistigen Sphäre Absicht und Ergebnis mitunter seltsame Beziehungen ein, und man sollte so besonnen sein, auch auf diesen Feldern der Vernunft und der Logik nicht alles zuzutrauen. Adorno hat sich von dem Etikett „Aufarbeitung" eigentlich distanziert, das Ergebnis war aber, dass es Sinnbild und sprachliches Schwert in der Hand jener wurde, die sich um Aufrichtigkeit und Benennung deutscher Schuld bemühten.

Fortan stand die ehrliche „Aufarbeitung" der etablierten „Bewältigung" gegenüber, so wie in der politischen Diskussion die Begriffe „Faschismus" und „Nationalsozialismus" einander gegenüberstanden und bis heute gegenüberstehen. An ihrem Sprachgebrauch erkennen die Lager einander.

Neu ist das Auseinanderfallen von Absicht und Ergebnis nicht, und nicht einmal besonders selten. Der spanische Dichter Miguel Cervantes wollte in seinem Hauptwerk das von ihm verachtete Rittertum der Lächerlichkeit preisgeben und ihm so den moralischen Todesstoß versetzen, doch er hat mit seinem Don Quijote den einzigen Ritter der Weltgeschichte geschaffen, der alles überdauerte und mit dessen Vielschichtigkeit man sich beschäftigen wird, solange die Menschheit existiert. Dass Begriffe sich ändern, abwandeln, die Bedeutung nicht behalten, die sie ursprünglich hatten, ist nicht die Ausnahme, sondern die Regel. Victor Klemperers Beispiel dazu: Aus dem Weltenherrscher-Kaiser Augustus („Der Erhabene") wurde im Zirkus des 19. Jahrhunderts der dumme August. Die Titel mögen gleich bleiben, der Inhalt ändert sich – dieser Gedanke wurde von Kurt Tucholsky aufgegriffen, der mit Blick auf die inhaltliche Veränderung der berühmten Satirezeitschrift *Simplicissimus* bedauernd schrieb, es habe einmal eine Zeit gegeben, als diese „die rote Bulldogge noch rechtens im Wappen trug".

Adorno setzte sich mit der Vergessensmanie der westdeutschen Gesellschaft auseinander, die für ihn „Zerstörung von Erinnerung" war und – in Anspielung auf Goethes „Faust" – das „innerste Prinzip" des Teufels: „Die Ermordeten sollen noch um das einzige betrogen werden, was unsere Ohnmacht ihnen schenken kann, das Gedächtnis." Als ein Mann, der sich nicht auf den Goebbels-Slang vom „Nationalsozialismus" einließ, schrieb Adorno: „Daß der Faschismus nachlebt; daß die vielzitierte Aufarbeitung der Vergangenheit bis heute nicht gelang und zu ihrem Zerrbild, dem leeren und kalten Vergessen, ausartete, rührt daher, daß die objektiven gesellschaftlichen Voraussetzungen fortbestehen, die den Faschismus zeitigten."

Angesichts dieser klaren Worte fragt man sich, ob es seit 1990 auch nur einen einzigen Text in der deutschen „Qualitätspresse" oder einen einzigen Sendebeitrag im öffentlich-rechtlichen Fernsehen gegeben hat, der diesen entscheidenden Zusammenhang (Kapitalismus–Faschismus) in den Fokus gerückt hätte. Zunächst einmal war aber auch in der Bundesrepublik Thema, was die protestierenden Studenten auf den Punkt brachten: „Kapitalismus führt zum Faschismus – Kapitalismus muss weg." Adornos Freund und Vorbild Max Horkheimer hatte die Ausgangsform geprägt: „Wer vom Kapitalismus nicht reden will, soll über den Faschismus schweigen." Dieser Zusammenhang ist seit 25 Jahren in Deutschland aus der öffentlichen Debatte verschwunden, er ist kein Gegenstand mehr, die DDR hat ihn mit ins Grab genommen. Nicht nur sie, auch Adorno ist damit gleichsam abgetötet worden. Das ist nun wirklich eine Pointe: In der Geburtsurkunde der Aufarbeitung vertritt der westdeutsche Autor eine Position, die in der DDR Lehrmeinung war. Heute aber ist der Begriff Aufarbeitung eine Waffe in der Hand derer, die mit der DDR abrechnen wollen.

In seiner Schrift bleibt Adorno fest: „Aufgearbeitet wäre die Vergangenheit erst dann, wenn die Ursachen des Vergangenen beseitigt wären. Nur weil die Ursachen fortbestehen, ward sein Bann bis heute nicht gebrochen." Der Kapitalismus, welcher den Faschismus gezeugt hatte, hielt die BRD aber fest im Griff. An dem war und ist nicht zu deuteln.

Was darauf im gesamtgesellschaftlichen Streben geschah, das Verschleiern dieser Zusammenhänge, ist eines der unerträglichsten Kapitel der deutschen Geistesgeschichte. Oh, wie viel Kraft wurde darauf verwandt, das Nazi-Problem als Feld der Psychoanalyse, der Parapsychologie, des Nationalcharakters aufzufassen und in „Gruppenexperimenten" die Untersuchung des politischen Bewusstseins der Westdeutschen mit dem Ziel vorzunehmen, den soziopsychologischen Grund von Antisemitismus und Autoritarismus und damit die psychologische Basis totalitärer Regimes zu ergründen. Ja, alles, wie verquast auch immer, wurde herangezogen – nur dem Kapitalismus durfte nicht die Schuld gegeben werden, der verschwand aus dieser Debatte und in der Versenkung der Unschuld. Adorno dazu: „Erinnert man die Menschen ans Allereinfachste: daß offene oder verkappte faschistische Erneuerung Krieg, Leiden und Mangel unter einem Zwangssystem, am Ende vermutlich die russische Vorherrschaft über Europa zeitigen; kurz, daß sie auf Katastrophenpolitik hinauslaufen, so wird sie das tiefer beeindrucken als der Verweis auf Ideale oder selbst das Leid der anderen, mit dem man [...] immer verhältnismäßig leicht fertig wird."

Dennoch hat auch Adorno an der Vergangenheitsbewältigung à la Bundesrepublik Anteil, diesen Vorwurf kann man ihm nicht ersparen. Auch er hielt – inkonsequenterweise – die Psychoanalyse für das wichtigste methodische

Instrument zur Bekämpfung von Strömungen, die er für das „Nachleben des Faschismus“ verantwortlich machte. Der Aufklärer, als den er sich betrachtete, hielt die „Aufarbeitung der Vergangenheit“ für einen Gegenstand der wissenschaftlichen Empfehlungen, die an Politik und Pädagogik zu richten wären. Er verließ den Bereich diesbezüglicher „Handreichungen“, der Idee für eine „Erziehung der Erzieher“ nicht. „Pädagogik müßte, anstatt mit Tiefsinn aus zweiter Hand übers Sein des Menschen zu schwafeln, eben der Aufgabe sich annehmen, deren unzureichende Behandlung man der re-education so eifrig vorwirft.“

Tatsächlich aber: Wer diese Probleme psychologisiert oder individualisiert, der lenkt von ihnen und vor allem von ihrer Lösung ab. Zu fragen wäre heute, ob Adorno damit dieses Ewig-Nachholende der westdeutschen Gesellschaft der 70er Jahre in Gang gesetzt hat, das mit erhobenem Zeigefinger die Nazi-Verbrechen ins Bewusstsein rückt, seit es nichts mehr kostet, und die Täter lachend in die bundesdeutsche Pension verabschiedet wurden. Diese Haltung umschifft den entscheidenden, von Adorno auch hervorgehobenen Zusammenhang Kapitalismus–Faschismus so eifrig und entschieden, dass darin das eigentliche Ziel des ganzen Manövers gesehen werden muss.

Es bleibt festzuhalten: Im wichtigsten Punkt siegte diese Adorno-Aufarbeitung nicht, da setzte sich die herrschende Meinung durch. Als Folgeerscheinung seines Appells geblieben ist allenfalls, dass das ewige Herumreiten auf dem Nazi-Thema die deutsche Form ist, sich von Hitler faszinieren zu lassen und auf das Entscheidende seiner in den deutschen Oberschichten gestützten Herrschaft gerade nicht hinzuweisen.

Erfolglos oder nicht: Die Aufarbeitung im Sinne Adornos entstand als Gegenkonzept zu einer „von oben“ wie „von unten“ betriebenen Verschleierung. In diesem Stadium war

Aufarbeitung also Aufklärung im besten Sinne. Machtlose bemühten sich so, gegen Mächtige anzutreten. Verschwiegenes kam zur Sprache. Gesellschaftliche Defizite in der Debatte wurden ausgefüllt. Tabus gebrochen. Diese Art Aufarbeitung, Adornos Aufarbeitung, ist auch mit ihren Schwächen das, was das heutige Wörterbuch unter diesem Begriff versteht: sich mit etwas auseinandersetzen, um Klarheit darüber zu gewinnen; etwas geistig verarbeiten.

Es bleibt nun zu untersuchen, ob das, was heute unter dem Label Aufarbeitung geschieht, dem entspricht. Ob es diese Kriterien erfüllt oder ob die heutige Aufarbeitung nicht das Gegenteil, zumindest aber etwas völlig anderes darstellt. Ob unter dem zwar problematischen, aber letztlich ehrenwerten Programm ein Konzept umgesetzt wird, das mit Aufklärung überhaupt nichts zu tun hat, sondern vielleicht sogar eine Art Gegenaufklärung darstellt. Das wäre der GAU: Dass der Aufarbeitungsbegriff heute als sprachliches Gefäß benutzt wird, um genau das, wogegen Adorno sich gewandt hatte, zum Sieg zu führen.

„Es muss demokratisch aussehen,
aber wir müssen alles in der Hand haben."
(Walter Ulbricht, angeblich gegenüber der „Gruppe Ulbricht")

Öffentliches Bewusstsein fördern – die Selbstdarstellung der Aufarbeiter

Wie kam es zur Aufarbeitung im heutigen Sinne? Was tun die Aufarbeiter nach eigener Darstellung?

Um die Jahrtausendwende geriet das noch junge Gesamtdeutschland in eine merkwürdige Situation. Die mit hohem Aufwand, mit Pauken und Trompeten betriebene zehnjährige „juristische Aufarbeitung von DDR-Unrecht" wurde in dieser Phase abgeschlossen, und zwar mit einem – für einen bestimmten Personenkreis jedenfalls – deprimierenden Ergebnis. Der SPD-Politiker Egon Bahr nannte es ein „groteskes Missverhältnis". Rund 100 000 Menschen seien in diesem Zusammenhang gerichtlich beschuldigt worden. In lediglich 1286 Fällen davon sei es zu einer Gerichtsverhandlung gekommen, ca. 800 Verurteilungen habe es gegeben und 40 Menschen seien mit Freiheitsentzug bestraft worden, so Bahr 2015.

Nicht wenige dieser Verurteilungen kamen nur zustande, weil fragwürdige, um nicht zu sagen rechtswidrige Mittel in Anschlag gebracht worden waren. DDR-Richter, die vor 1989 nach Recht und Gesetz geurteilt hatten, wurden wegen Rechtsbeugung verurteilt, obwohl das, was sie in ihrem Amt taten, nicht einmal falsche Rechtsanwendung war. Die bundesdeutsche Justiz, die sich im Falle der Nazi-Täter immer dagegen gewehrt hatte, das Rückwirkungsverbot aufzuheben – millionenfacher Judenmord hin oder her –, setzte dieses Verbot im Falle der SED-Funktionäre außer Kraft. Dass diese Funktionäre so ungeheuerliche Straftaten begangen haben sollten, dass einer der wichtigsten Rechtsgrundsätze fallengelassen werden darf (keine Tat kann strafbar sein, die zum Zeitpunkt der Tat nicht strafbewehrt war), steht in einem geradezu grotesken Verhältnis zu den geringfügigen Strafen, die auf dieser Grundlage verhängt wurden.

Nichtsdestotrotz hat sich die bundesdeutsche Justiz, von problematischen Einzelfällen abgesehen, bewährt. Die zumeist rechtsstaatlichen Grundsätzen folgende Aburteilung von angeblichem (und punktuell tatsächlichem) DDR-Unrecht durch westdeutsche Richter ließ die Bewertung der DDR als „Unrechtsstaat" nicht zu. Was da stattfand, also die Breitband-Verdächtigung einer ganzen staatlichen Apparatur, würde in jedem Land der Welt mindestens eine solche Rate an Unrechtsentdeckung und -bestrafung nach sich ziehen wie im Falle der DDR.

Die juristische Delegitimierung der DDR – ein Auftrag des früheren FDP-Justizministers Klaus Kinkel – war nicht gelungen. Um es mit Goethe zu sagen: „Ein hoher Aufwand, schmählich! ist vertan."

Gleichzeitig war Ostdeutschland in der bundesdeutschen Wirklichkeit angekommen, zumindest in dem ihm zugedachten Teil dieser Wirklichkeit. Zehn Jahre nach der Wende stellte sich für die Ostdeutschen heraus, dass sie nach 1990 keineswegs von der Hölle ins Paradies gelangt waren.

(Gleichwohl gilt das Umgekehrte auch nicht.) Millionen Menschen waren um Arbeit, Lebenssinn und Perspektive gebracht worden. Die Ausländer-Arbeitslosigkeit lag in der DDR bei 0 Prozent, nach der Wende bei 90 Prozent. Ganze Landstriche kollabierten wirtschaftlich und sozial. Die Todeszahlen auf den Straßen des Ostens waren sprunghaft auf das Drei- bis Vierfache gestiegen. Es setzte ein Gebärstreik nie gekannten Ausmaßes ein. Junge Menschen bekamen kaum Lehrstellen und mussten in die alten Bundesländer „auswandern", wenn sie der Trostlosigkeit entfliehen wollten. Dafür gab es zum Teil Wegzugsprämien. Regionen, die zu DDR-Zeiten einen Entwicklungsschub und Modernisierung erfuhren, wurden das, was sie vor dem Zweiten Weltkrieg waren: Flecken, in denen Handwerk, Verwaltung, vielleicht noch ein wenig Fremdenverkehr das gesellschaftliche Leben bestimmen. Die nunmehr eingezogene kapitalistische Mentalität brachte ein Maß an Verrohung und Verwahrlosung mit sich, wie es Clemens Meyers Debütroman „Als wir träumten" und dessen gleichnamige Verfilmung von Andreas Dresen anschaulich wiedergeben. Millionen Menschen begannen, ihr Leben in der DDR in einem anderen Licht zu sehen. Die grundsätzliche Ablehnung, wie sie 1990 dominierte, wich einer differenzierten Betrachtung der früheren Welt und des eigenen Lebens.

Das war natürlich das Gegenteil dessen, was der siegreiche Westen und auch ein Teil der DDR-Bürgerrechtler beabsichtigt hatten und für wünschenswert hielten. Es kann also kaum Zufall sein, dass das Ende der juristischen Aufarbeitung und die Gründung der Bundesstiftung für Aufarbeitung zeitlich zusammenfielen. Wenn die Strafjustiz nicht liefert, wenn es die Wirklichkeit nicht hergibt, dann müssen Belehrung und Pädagogik ran. Die Stunde des Agitators hatte geschlagen. Am 5. Juni 1998 wurde die Bundesstiftung zur Aufarbeitung der SED-Diktatur gegründet. Vorarbeiten dafür leisteten Enquetekommissionen des Bundestages von 1992 und 1995.

Die neue Stiftung entfaltet ihre Wirkung, indem sie nach eigenem Bekunden Projekte, Archive, Wissenschaft und Einrichtungen fördert, Beratung und Betreuung unterstützt und eigene Publikationen herausgibt. Ihr höchstes Gremium ist der auf fünf Jahre gewählte Stiftungsrat, dem 26 Vertreter aus den Fraktionen des Bundestages (hier wichtig: auch der Linken), ferner der Bundesregierung und des Landes Berlin sowie „Persönlichkeiten angehören, die sich in der Aufarbeitung besonders engagieren". Es gibt einen ehrenamtlich arbeitenden Vorstand, der die konkreten Entscheidungen verantwortet. Unterstützt wird die Stiftung durch Fachbeiräte, sie untersteht der Rechtsaufsicht des Beauftragten der Bundesregierung für Kultur und Medien, in der satirischen Presse „Reichskulturwart" genannt. Schaltstelle der Stiftungsarbeit ist die Geschäftsstelle, der 25 Mitarbeiter angehören.

Was sich nach 1990 auf dieser Grundlage entspann, wurde in einem Brief deutlich, in dem die Gremien der Aufarbeitung die Verstetigung der Förderung für ihre Arbeit forderten. Angesichts des Ausmaßes, der tiefen Staffelung und Vernetzung der Aufarbeiter lässt sich begründet davon sprechen, dass sich in Deutschland eine Aufarbeitungsindustrie herausgebildet und breitgemacht hat.

Offener Brief an Kulturstaatsminister Bernd Neumann, den Vorsitzenden der Bundestagsfraktion von CDU/CSU, Volker Kauder, den Vorsitzenden der SPD-Bundestagsfraktion, Dr. Frank-Walter Steinmeier, die Verhandlungsführerinnen und Verhandlungsführer bei den Koalitionsverhandlungen der Arbeitsgruppe Kultur und Medien, Klaus Wowereit und Michael Kretschmer, der Arbeitsgruppe Finanzen, Haushalt, Finanzbeziehungen

Bund-Länder, Olaf Scholz und Dr. Wolfgang Schäuble, der Arbeitsgruppe Wissenschaft, Bildung und Forschung, Prof. Dr. Johanna Wanka und Doris Ahnen

Aufarbeitung der kommunistischen Diktatur im 25. Jahr der Friedlichen Revolution in Gefahr

Die Bundesstiftung Aufarbeitung fördert seit ihrem Bestehen zahlreiche Projekte von Opferverbänden, Aufarbeitungsinitiativen und Archiven der DDR-Opposition, die mit ihrer wichtigen Arbeit einen unverzichtbaren Beitrag bei der Aufklärung über die kommunistische Diktatur leisten.

Mit der Bundesstiftung Aufarbeitung wurde eine Einrichtung mit einem umfassenden Auftrag geschaffen, um in der Gesellschaft in großer Breite zur Aufklärung über die kommunistische Diktatur, zur Erinnerung an die Folgen der Diktatur und zum Gedenken an die Opfer beizutragen. Die Stiftung ist tätig in den Bereichen der dezentralen Projektförderung, der Förderung politischer Bildungsarbeit, der Förderung von Forschungsvorhaben; sie unterstützt Museen und Gedenkstätten in ihrer Kommunikation und Kooperation und trägt zur Vernetzung und Professionalisierung zivilgesellschaftlicher Initiativen und von Projektarbeit bei.

Im Bereich der politischen Bildung und der gesellschaftlichen Aufarbeitung der kommunistischen Diktatur hat sich erfreulicherweise ein Netz von Initiativen, Dokumentationszentren, Foren und Archiven entwickelt. Viele von ihnen erhalten Unterstützung durch die Bundesstiftung Aufarbeitung.

Diese Arbeit muss erhalten bleiben.

Die finanzielle Förderung solcher Projekte und damit die Arbeit der genannten Initiativen sind im 25. Jahr der

Friedlichen Revolution in Gefahr. Von den jährlichen 2,8 Millionen Euro durch die Bundesstiftung zu vergebenden Fördermitteln fehlen für die Projekte im Jahr 2014 etwa 1,5 Millionen Euro, bedingt durch die schlechte Zinsentwicklung. Damit können wichtige Projekte, vor allem dezentraler Initiativen, deren wichtige oder einzige Geldgeberin die Bundesstiftung ist, nicht mehr durchgeführt werden.

Aus diesem Grund ist es dringend notwendig, dass der von der Bundesstiftung Aufarbeitung unverschuldete Mittelausfall vom Bund ausgeglichen wird. Die Bundesregierung wird beweisen müssen, dass sie der Aufarbeitung des Kommunismus weiterhin die gebührende Aufmerksamkeit widmet.

5. November 2013

Archiv Bürgerbewegung Leipzig e. V.
Bautzen-Komitee e. V.
Bürgerkomitee Leipzig e. V., Träger der Gedenkstätte Museum in der „Runden Ecke“ mit dem Museum im Stasi-Bunker
Bürgerkomitee Sachsen-Anhalt e. V. Magdeburg
Cottbuser Häftlingsgemeinschaft
Gedenkbibliothek zu Ehren der Opfer des Kommunismus/Stalinismus e. V.
Geschichtswerkstatt Jena e. V.
Gruppe der „Kinder aus den Lagern und Gefängnissen der SBZ/DDR“
Initiativgruppe Buchenwald 1945–1950 e. V.
Initiativgruppe Geschlossener Jugendwerkhof Torgau e. V.
Initiativgruppe Internierungslager Ketschendorf/ Speziallager Nr. 5 e. V.

Initiativgruppe Lager Mühlberg e. V.
Kreisau-Initiative e. V.
Martin-Luther-King-Zentrum Werdau
MEMORIAL Deutschland e. V.
Menschenrechtszentrum Cottbus e. V.
PRORA-ZENTRUM e. V.
Robert-Havemann-Gesellschaft e. V.
Stiftung Sächsische Gedenkstätten zur Erinnerung an die Opfer politischer Gewaltherrschaft
Thüringer Archiv für Zeitgeschichte „Matthias Domaschk"
Umweltbibliothek Großhennersdorf e. V.
Union der Opferverbände Kommunistischer Gewaltherrschaft
Verband der Geschichtslehrer Deutschlands e. V.
VOS – Vereinigung der Opfer des Stalinismus e. V. – Gemeinschaft von Verfolgten und Gegnern des Kommunismus
Zeit-Geschichte(n) e. V. – Verein für erlebte Geschichte Halle

Die Bundesstiftung ist das Flaggschiff der deutschen Aufarbeitungsindustrie; sie stellt gleichsam den Flugzeugträger dar. Dessen wichtigster institutioneller Flankenschutz in den neuen Ländern sind die Landesbeauftragten für die Aufarbeitung der DDR-Vergangenheit, die Schlachtschiffe sozusagen, um im Bild zu bleiben. Eine ähnliche geistige Tonnage besitzen die an den Hochschulen und Universitäten gegründeten einschlägigen Verbünde. Wichtigstes Beispiel: der Forschungsverbund SED-Staat an der Freien Universität Berlin. Um diese strategische ideologische Grundbewaffnung gruppiert sich die Armada der kleinen und großen lokalen Initiativen, Einrichtungen und Gedenkstätten mit staatlicher Dauerförderung, die wiederum über die Aufträge durch die Bildungsministerien der Bundesländer mindestens halbstaatliches Gewicht bekommen, vielleicht auch mehr als das. Nicht von ungefähr ist der Verband der Geschichtslehrer Mitunterzeichner des Briefes.

Wenden wir uns also der Selbstdarstellung der Bundesstiftung zu. Was geschieht nach eigenen Worten?

> Die Bundesstiftung zur Aufarbeitung der SED-Diktatur hat den gesetzlichen Auftrag, die umfassende Aufarbeitung der Ursachen, Geschichte und Folgen der Diktatur in SBZ und DDR zu befördern, den Prozess der Deutschen Einheit zu begleiten und an der Aufarbeitung von Diktaturen im internationalen Maßstab mitzuwirken. Gemeinsam mit anderen Institutionen und zahlreichen Partnern im In- und Ausland unterstützt sie die Auseinandersetzung mit den kommunistischen Diktaturen in der SBZ/DDR und in Ostmitteleuropa, um das öffentliche Bewusstsein über die kommunistische Gewaltherrschaft zu befördern.
>
> Die friedlichen Revolutionen des Jahres 1989 sollen als herausragende Ereignisse in der deutschen und europäischen Demokratiegeschichte verankert und gewürdigt werden, um so dazu beizutragen, die Folgen der Teilung Deutschlands und Europas zu überwinden. Die Bundesstiftung Aufarbeitung wurde 1998 vom Deutschen Bundestag per Errichtungsgesetz gegründet.
>
> [...]
>
> Anstoßen und Fördern, Informieren und Vernetzen sind die Leitmotive der Stiftungsarbeit. Die Bundesstiftung Aufarbeitung ist Partnerin von Gedenkstätten, Museen, Geschichtsvereinen, unabhängigen Archiven, der Verbände der Opfer der SED-Diktatur, der Länder und Kommunen, der Wissenschaft und der politischen

Bildung sowie der schulischen und außerschulischen Bildungsarbeit, deren Projekte sie inhaltlich und – soweit möglich – finanziell unterstützt.

Darüber hinaus erarbeitet die Bundesstiftung vielfältige Informationsangebote und Publikationen und bietet ein Forum für Kooperation und Vernetzung. Mit Podiumsdiskussionen, Workshops und Tagungen, Zeitzeugengesprächen, Kolloquien und Weiterbildungen fördert sie Debatten und gibt Denkanstöße, die die Aufarbeitungsprozesse durch Wissenstransfer, Kommunikation und Beratung voranbringen.

Die Bundesstiftung verfügt über eine Spezialbibliothek und ein Archiv mit Dokumentationsstelle, die Bücher, Dokumente und andere Materialien vornehmlich zu den Schwerpunkten Opposition und Widerstand in SBZ und DDR sowie politische Verfolgung und Repression zugänglich machen. Der Öffentlichkeit steht ein gut ausgestatteter Lesesaal zur Verfügung. Darüber hinaus übernimmt der Archivbereich der Bundesstiftung Aufarbeitung umfängliche Beratungsaufgaben, insbesondere für die Archive der DDR-Opposition.

Soweit die Selbstdarstellung. Wie gesagt, aufarbeiten bedeutet eigentlich, sich mit etwas auseinanderzusetzen, um Klarheit darüber zu gewinnen; etwas geistig zu verarbeiten. Was aber die Bundesstiftung sich vornimmt, scheint damit nicht deckungsgleich zu sein. Vielmehr entsteht hier der Eindruck, dass sie sich keineswegs umfassend mit ihrem Gegenstand auseinandersetzen will, sondern von vornherein eine einseitig-negative Darstellungsweise im Sinn hat. Das ist aber nicht das, was Aufarbeitung eigentlich bedeutet. Noch deutlicher – um nicht zu sagen: unabweisbar – wird dies an der Auswahl der inhaltlichen Grundthemen, die sich nach eigenen Angaben die Bundesstiftung gesetzt hat.

Welche Schwerpunkte wählte sie 2015?

- 1989/90 Friedliche Revolution und Deutsche Einheit
- Sowjetische Straf- und Arbeitslager: „Gulag“
- 17. Juni 1953 – Volksaufstand in der DDR
- 13. August 1961 – Dokumentation zum Bau der Berliner Mauer
- Flucht, Fluchthilfe und Freikauf
- Das Frauengefängnis Hoheneck
- Haftzwangsarbeit in der DDR

In Vorbereitung oder Planung befinden sich Themenseiten zu folgenden Schwerpunkten:

- Heimerziehung in der DDR
- Opposition und Widerstand
- Zwangsumsiedlungen an der innerdeutschen Grenze

Zunächst und bemerkenswert: Es existiert ein gesetzlicher Auftrag. Hier handelt es sich um den Eingriff des Gesetzgebers in geistige und weltanschauliche Dinge. Zehn Jahre nach der politischen Wende und der Wiedervereinigung Deutschlands – und nicht etwa unmittelbar nach dem Beitritt der DDR zum Grundgesetz – sah sich der Gesetzgeber veranlasst, eine Institution zu schaffen, die „richtiges“ Denken und wahre Geschichtsbilder vorgibt. Das ist für sich genommen schon zutiefst problematisch und mit einer demokratischen Grundauffassung keineswegs ohne weiteres in Übereinstimmung zu bringen. Denn der Staat hat eben nicht Welt- und Geschichtsbilder zu verordnen und auch keine Institutionen zu schaffen, die das in seinem Namen tun. Initiiert wurde der Vorgang in einer Phase, in der es nicht die geringste Bedrohung der demokratischen Staatsform gegeben hat, schon gar nicht seitens der verblichenen DDR. Und richtig: Die Grundthemen legen nahe, dass es sich bei der DDR-Betrachtung um alles andere als eine „umfassende Aufarbeitung der Ursachen, Geschichte und Folgen der Diktatur in SBZ und DDR“ handelt. Schon der erste Blick offenbart das Streben, die DDR auf ihre Negativ-Felder zu reduzieren. Inwiefern bilden diese Schwerpunkte den Ausgangspunkt für eine vernünftige, ausgewogene Betrachtung?

Beleuchten wir die Themensetzung im Einzelnen. Da eine ausführliche Erörterung der einzelnen Punkte den Rahmen dieses Buches sprengen würde, beschränke ich mich darauf, den einzelnen Themen ein paar Fragen beizuordnen, die sich die Stiftung für besagte ausgewogene Betrachtung eigentlich stellen müsste.

1989/90 Friedliche Revolution und Deutsche Einheit

Wird hierbei zur Sprache kommen, dass die friedliche Revolution nur deshalb eine friedliche war, weil die Sicherheitskräfte der DDR ihre Waffen nicht eingesetzt haben? Werden die Klienten der Aufarbeitung darauf hingewiesen, dass es in kapitalistischen Ländern niemals friedliche Revolutionen gegeben hat? Ist damit zu rechnen, dass darauf aufmerksam gemacht wird, in welchem Maße auch der Westen die Teilung Deutschlands vorangetrieben hat? Gibt es eine kritische Betrachtung der Rolle der Adenauer-Regierung bezüglich der Stalin-Note 1952? Wird die Bundesstiftung genügend Achtung vor der Wahrheit aufbringen, um zuzugeben, dass die staatliche Spaltung „Deutschlands“ der geschichtliche Normalfall war und die staatliche Einheit der extrem problematische Ausnahme- und Spezialfall? Werden die Resultate der deutschen Einheit (zwischen 1871 und

1945) als das vorgeführt, was sie waren, also als Nährboden für die größte Katastrophe der Neuzeit? Werden die Ergebnisse der deutschen Spaltung zwischen 1945 und 1990 als das vorgeführt, was sie waren, als eine vergleichsweise friedliche und prosperierende Phase in der deutschen Geschichte?

Sowjetische Straf- und Arbeitslager: „Gulag“

Wird unter diesem Schlagwort dargestellt, dass es noch unter sozialistischen Bedingungen zur weitgehenden Beseitigung der Gulags gekommen ist? Dass der Sozialismus aus sich selbst heraus zu Korrekturen imstande war, während die auf kapitalistischer Grundlage operierenden faschistischen Diktaturen das niemals waren? Werden die Aufarbeiter verraten, was sowjetische Straf- und Arbeitslager bei der „Aufarbeitung der SED-Diktatur“ überhaupt zu suchen haben? Werden die Verbrechen der sozialistischen Diktaturen den Verbrechen des demokratischen Westens gegenübergestellt?

17. Juni 1953 – Volksaufstand in der DDR

Wird die Bundesstiftung hier an die erstaunliche Besonderheit erinnern, dass der 17. Juni 1953 – von der samtenen Revolution 1989 in der DDR abgesehen – der unblutigste Aufstand der deutschen Geschichte gewesen ist? Wird sie die Darstellung zulassen, dass sowohl Angreifer als auch Verteidiger glücklicherweise weitgehend auf die sonst üblichen Gewaltexzesse verzichtet haben? Wird sie diese gewichtigen Merkmale mit den Bedingungen in Zusammenhang bringen, die in der DDR bestimmend waren? Wird sie den Vergleich des 17. Juni 1953 mit dem 1. Mai 1929 zulassen, als die von der demokratischen SPD geführte Polizei in Berlin 35

Menschen von hinten erschoss und weit über 100 Menschen schwer verletzte? (Menschen übrigens, die keinen Aufstand mit Plünderungen und Gefangenenbefreiung durchführten wie die Akteure des 17. Juni, sondern sich nur das Recht auf eine Maidemonstration nicht nehmen lassen wollten.) Werden die Aufarbeiter anerkennen, dass die DDR-Volkspolizei am 17. Juni nicht geschossen hat, weil Staatschef Ulbricht Schießverbot erteilte? Werden sie Überlegungen darüber anstellen, warum ein Künstler wie Wolf Biermann wenige Tage nach dem 17. Juni 1953 in die DDR übersiedelte und dort jahrelang zum eifrigen Verfechter und Verteidiger ihres sozialistisch-diktatorischen Systems wurde?

13. August 1961 – Dokumentation zum Bau der Berliner Mauer

Wird vermittelt werden, dass der Mauerbau seinerzeit in Wien zwischen der Sowjetunion und den USA verabredet worden ist und in Moskau von allen sozialistischen Ländern (auch von Polen und Ungarn) unterstützt wurde? Werden wir zumindest von der Möglichkeit unterrichtet, dass dieser Mauerbau den Frieden in Europa gerettet haben könnte? Bezieht die Darstellung ansatzweise ein, dass die offene Grenze die DDR zuvor in eine verzweifelte Lage gebracht hat? Erklärt uns die Aufarbeitungsindustrie, warum es in der DDR auch sehr viele Befürworter des Mauerbaus gegeben hat? Nehmen die Aufarbeiter zu dem Umstand Stellung, dass wenige Wochen nach dem Fall der Berliner Mauer der Krieg nach Europa zurückkehrte?

Flucht, Fluchthilfe und Freikauf

Wird bei diesem Stichwort zumindest ansatzweise deutlich, dass der größte Teil der DDR-Bevölkerung nicht geflüchtet ist und auch niemals diese Absicht hegte? Werden wir die Gründe dafür erfahren, warum DDR-Bürger in diesem Staat auch Zufriedenheit und Glück erfahren und ihn bis heute in guter Erinnerung haben? Werden wir über die juristischen Gegebenheiten von Fluchthilfe und Freikauf aufgeklärt? Werden die Vertreter der Aufarbeitung darlegen, dass zwischen 1961 und 1989 ca. 486 000 DDR-Bürger legal und ungefährdet in den Westen übergesiedelt sind, die 35 000 freigekauften Häftlinge nicht mitgezählt? Werden uns die Aufarbeiter den Unterschied zwischen „Fluchthelfer" und „Schleuser" erklären? Ist eine Betrachtung der Tatsache zu erwarten, dass von beiden Seiten an der Mauer geschossen wurde? Wird einbezogen, dass die Mauer in Berlin und die bedrohlichen Grenzanlagen zwischen DDR und Bundesrepublik gleichzeitig zwei Weltsysteme trennten, die mit Atomwaffen aufeinander angelegt hatten? Dass man an diese Grenze also nicht dieselben Maßstäbe wie an eine „normale" Staatengrenze anlegen konnte? Wird dabei ein wichtiger Aspekt sein, dass illegaler Grenzübertritt in allen Ländern der Welt ein Straftatbestand ist und auch das internationale Recht ihn nicht anerkennt?

Das Frauengefängnis Hoheneck

Wird hier deutlich gemacht, dass DDR-Frauen nicht nur im Gefängnis gesessen haben, sondern ihnen in der Gesellschaft Türen offenstanden, von denen Frauen in der Bundesrepublik jahrzehntelang nicht einmal zu träumen wagten (u. a. Richter- und Lehrerberuf)? Wird die Bundesstiftung bei diesem Stichwort zumindest ansatzweise einräumen, dass die DDR in ihrer Frauenpolitik der Bundesrepublik um Epochen voraus war? Dass das heutige moderne Frauenbild viel stärker von dem der DDR bestimmt ist als von dem in der alten Bundesrepublik waltenden? Werden die aufmerksamen Beobachter der Aufarbeitung – beispielsweise – einen Vergleich erleben zwischen der sozialen Lage der DDR-Genossenschaftsbäuerin und der mithelfenden Ehefrau in der bundesdeutschen Landwirtschaft?

Haftzwangsarbeit in der DDR

Werden die Aufarbeiter bei dieser Gelegenheit erklären, was den Arbeitszwang in einem DDR-Gefängnis vom Arbeitszwang in einem US-Gefängnis unterscheidet (ein Staat immerhin, mit dem die Aufarbeiter eine freiheitlich-demokratische Wertegemeinschaft bilden)? Wird die Häftlingsarbeit in der DDR der Arbeitslosigkeit in den ostdeutschen Nachwende-Gefängnissen, die bis zu 80 Prozent erreichte, gegenübergestellt? Werden die Adressaten der Aufarbeitung damit konfrontiert, dass DDR-Strafgefangene für ihre Arbeit Rentenpunkte erhielten, während das im späteren gesamtdeutschen Gefängnis nicht der Fall war? Wird die auffallend niedrige Verbrechensrate der DDR Thema sein, oder ihre ausgezeichneten Ergebnisse bei der Wiedereingliederung straffällig Gewordener?

Heimerziehung in der DDR

Wird hier beleuchtet, warum das Thema DDR-Kinderheime erst in dem Moment auf die Tagesordnung geriet, als das Vergewaltigen und Quälen von Kindern in bundesdeutschen

Heimen nicht mehr verheimlicht werden konnte? Wird untersucht, warum nur eine Minderheit ehemaliger Insassen von DDR-Kinderheimen die ihnen nach 2010 angebotene Entschädigungsleistung beantragt hat? (Und das, obwohl keinerlei Quälerei oder Missbrauch bewiesen werden musste, sondern die bloße Behauptung genügte.) Werden diejenigen Heiminsassen eine Stimme bekommen, die sich in Briefen ihren einstigen Erziehern heute noch als dankbar erweisen? Ist die Frage zu erwarten, warum in der Gegenwart so viele Kinder aus Familien genommen werden müssen und in der DDR vergleichsweise viel weniger? Wird diese Tatsache in ein Verhältnis gesetzt zur Stabilität der Familienbeziehungen in der DDR und nach der Wende?

Opposition und Widerstand

Werden hierbei Untersuchungen dazu angestellt, dass im Staat DDR Opposition und Widerstand – verglichen mit anderen sozialistischen Staaten – in erstaunlich geringem Umfang stattfanden? Werden neben den Gründen für Widerstand und Opposition auch jene Gründe erläutert, darauf zu verzichten? (Gründe, die über Angst vor Repression hinausgehen.) Kommen hier neben Unterdrückungsmomenten auch begründete Momente der Unterstützung für diesen Staat zur Sprache? Wird es darum gehen, dass es eine Minderheit war, die die Wende 1989 einleitete? Werden die Aufarbeiter einen Sinn dafür entwickeln, dass die allermeisten Vertreter von Opposition und Widerstand in der DDR keineswegs eine Abwicklung der DDR beabsichtigten, sondern einen reformierten Sozialismus wollten? Werden sie diese Oppositionellen und Widerständler als das ausweisen, was sie im historischen Sinne sind: nach den DDR-Anhängern die zweiten großen Verlierer der Wende?

Zwangsumsiedlungen an der innerdeutschen Grenze

Werden die DDR-Zwangsumsiedlungen jenen Zwangsmaßnahmen gegenübergestellt, die in anderen Staaten ergriffen wurden, wenn es um die Sicherung der Grenzen und des Staates selbst ging? Nehmen die Aufarbeiter beispielsweise vergleichend in den Blick, welche Maßnahmen die Behörden einleiteten, als in Zypern die Grenze zwischen dem türkischen und dem griechischen Teil entstand? Bilden jene Maßnahmen eine Vergleichsbasis, die zugunsten der vielen neuen Grenzen in Jugoslawien und auf dem Territorium der früheren Sowjetunion umgesetzt wurden? Werden die Aufarbeiter einbeziehen, dass die DDR-Organe angesichts von innerem Ausbluten, Spionage, Sabotage und Wirtschaftskriminalität höchsten Ausmaßes, Kaltem Krieg, Hochrüstung und atomarer Bedrohung kaum eine Alternative dazu hatten, diese Grenze abzuriegeln? Wird bei der Betrachtung von Maßnahmen, die die Betroffenen als Unrecht empfinden mussten, der Charakter dieser Grenze als Systemgrenze anerkannt?

Zwischenfazit

Da nach den Erfahrungen, die Deutschland in den vergangenen zweieinhalb Jahrzehnten mit den Institutionen der Aufarbeitung gesammelt hat, alle hier gestellten Fragen mit einem klaren Nein beantwortet werden müssen, steht die Bewertung fest: Die Aufarbeitung ist keine Geschichtsschreibung der DDR und will das auch gar nicht sein. Diese Aufarbeitung ist in Wirklichkeit überhaupt keine. Sie erfüllt nicht die Kriterien einer sachlichen Bewertung, umfassenden und vertieften Betrachtung, eben all dessen, was zu einer tatsächlichen Aufarbeitung gehören würde. Hier triumphiert die einseitig-negative Zeichnung eines ideologisch vorgefertigten Bildes. In Anschlag gebracht werden die Methoden der Propaganda, genauer: der Geschichtspropaganda. Um die in Deutschland waltende Aufarbeitung zu bewerten, ist also weniger wichtig zu beachten, was sie sagt, als vielmehr, was sie verschweigt. Auch wenn – oder gerade weil – die Bundesstiftung immer wieder erklärt, dass sie sich diese Fragen gar nicht erst stellt und die Antwort darauf nicht als ihre Aufgabe betrachtet.

Um deutlich zu machen, was hier eigentlich geschieht, bietet sich folgendes Vergleichsprogramm an. Gesetzt den Fall, es gebe eine Bundesstiftung zur Aufarbeitung der BRD-Vergangenheit. Was würde sie an Echo erwarten, wenn sie folgenden Jahresarbeitsplan mit der Maßgabe aufstellen würde, ihren im Namen verankerten Auftrag zu erfüllen:

— Schutz der Nazitäter. Wie die BRD es nach 1949 hintertrieb, dass die Nazis gerichtlich zur Verantwortung gezogen wurden
— Kontakte von Staat und Wirtschaft der BRD zum südafrikanischen Apartheidregime
— Jahrzehntelange Unterdrückung der bundesdeutschen Frau und ihre Verbannung an den Herd
— Staatlich erlaubte Prügelstrafe in Schulen und Heimen der BRD
— Politische und sachliche Unterstützung der BRD für den Vietnamkrieg
— Medialer Rassismus via amerikanischem, britischem und französischem Film im bundesdeutschen Fernsehprogramm

Man stelle sich vor, dies sei das Programm, mit dem eine öffentlich bezahlte Stiftung sich der Vergangenheit der deutschen Nachkriegsdemokratie nähern und sie umfassend darstellen würde. Was gäbe es für einen Aufschrei in Deutschland. Doch hätte die Stiftung mit einem einzigen dieser Punkte unrecht? Wäre ein einziger Punkt es nicht wert, ausführlich betrachtet zu werden? Und doch wäre der Gesamtheit der BRD-Geschichte damit sicher nicht Genüge getan.

Zurück zur Wirklichkeit. Gemessen an dem, was die in Deutschland fest im Sattel sitzende Aufarbeitungsindustrie seit 25 Jahren tatsächlich leistet, müsste eine Beschreibung dieser Tätigkeit in etwa folgendermaßen lauten:

Bei der heutigen Aufarbeitung in Deutschland geht es nicht um eine ausgewogene Darstellung der DDR-Geschichte. Es kommt vielmehr darauf an, ihre negativen Seiten ins Scheinwerferlicht zu zerren und wieder und wieder vorzuführen. Dabei ist völlig gleichgültig, welchen Zwängen dieser Staat ausgesetzt war, was im Einzelfall auch für seinen Standpunkt gesprochen hat. Es ist für sie nicht von Belang, dass viele Gegner dieses Staates lange Zeit zu seinen eifrigen Befürwortern gehört haben.

Wenn sich die Aufarbeiter vornehmen, die „umfassende Aufarbeitung der Ursachen, Geschichte und Folgen der Diktatur in SBZ und DDR zu befördern“, dann findet das an den Stellen seine Grenze, an denen die DDR positiv, achtungsgebietend, ihre Werte bedenkenswert erscheinen, der Westen (die Bundesrepublik) hingegen schlecht wegkommt. Die „Aufarbeitung von Diktaturen im internationalen Maßstab“ endet dort, wo der Vergleich dieser sozialistischen Diktaturen Europas mit der Verbrechensgeschichte der westlichen Demokratien auf die Tagesordnung zu geraten droht. Von der Tatsache, dass sich die Staaten des Westens nach 1945 in unfassbar grausame Kriege und Kolonialkriege verstrickten, die Abermillionen Opfer forderten, ist vollendet abzusehen. Und vor allem ist davon abzusehen, dass die europäischen sozialistischen Diktaturen das nicht taten. Stattdessen setzten sie sich die Besiegung des Hungers, des Analphabetismus und die Gesundheitsfürsorge für alle Menschen auf die Agenda, was den westlichen Kolonialmächten niemals in den Sinn kam.

Auch andere fortschrittliche Seiten der DDR, soziale und menschliche Errungenschaften dieses Staates, spielen bei der Geschichtsschreibung à la Aufarbeitung keine Rolle. Eine differenzierte Betrachtung der unendlich verwickelten damaligen Situation geht die Aufarbeiter nichts an.

Bei dieser Arbeit ist es unerlässlich, in erster Linie solchen Menschen ein Podium zu bieten, die sich dem Weltbild der Aufarbeiter verpflichtet fühlen. Da man bei den meisten älteren Ostdeutschen auf diese Weise keinen Blumentopf gewinnen wird, ist die geistige Bearbeitung hier weitgehend einzustellen und die Konzentration auf die Kinder zu richten.

Dass 20 Jahre nach der Wende fast drei Viertel der befragten Ostdeutschen der DDR überwiegend oder mindestens teilweise positive Eigenschaften zubilligen, ist keinerlei Erörterung oder auch Betrachtung wert. Was die Ostdeutschen an dieser Stelle meinen oder meinen könnten, tut nichts zur Sache. Dies wäre allenfalls Anlass, der einseitigen Betrachtung noch Schwung zu geben, weil der „Verklärung" Einhalt geboten werden müsse.

„Selig sind, die da geistlich arm sind;
denn ihrer ist das Himmelreich."

(Jesus Christus, Matthäus 5,3)

Die Methoden der Aufarbeiter

In der literarischen Schreckensutopie „1984" lässt der Schriftsteller George Orwell eine Monster-Regierung immer wieder Hass-Wochen veranstalten. Dabei wird den dumpfen Massen eingeschärft, wo der Feind steht. Mit Blick auf gegenwärtige Zustände ist man geneigt, das regelrecht erträglich zu finden, denn was erleben wir heute? Hass-Monate? Hass-Jahre? Hass-Jahrzehnte?

In einer endlosen Prozession werden die DDR, ihre Staatspartei SED und der Geheimdienst MfS wieder und wieder an den Pranger gestellt. Bei diesem Vorgang wird seit Jahrzehnten kein einziger Gedanke mehr produziert, der für Politik und Geschichtswissenschaft neu und damit relevant wäre. Millionen kostet das Spektakel, kaum eine Institution entzieht sich der Pflicht, die Stirn in die vorgeschriebenen Falten zu legen. Wer etwas auf sich hält, der grüßt den Gesslerhut.

So schrecklich alle geschichtlichen Phasen Deutschlands vor der DDR auch waren, sie ziehen nicht halb so viel Hass, nicht halb so viel Abrechnungswut auf sich wie der sozialistische Staat. Es ist, als wäre die DDR das mit Abstand Grauenhafteste, was die deutsche Geschichte aufzubieten hat. Den Protagonisten dieses Vorgangs fällt natürlich nicht auf, dass sie dem Feindbild, das sie sich von der SED gemacht haben, auf diese Weise immer ähnlicher werden. Denn eine alte Weisheit besagt, dass Gegner in lang andauernden Kämpfen Eigenschaften austauschen.

Was heutzutage unter dem Label „Aufarbeitung der DDR-Geschichte" stattfindet, ist seinem Wesen nach SED-Propaganda mit umgekehrtem Vorzeichen. Da gibt es mal bessere und mal schlechtere Beiträge, das aber traf auf die SED-Propaganda auch zu.

Mit dieser Einschätzung ist übrigens nicht gemeint, dass im Zuge der Aufarbeitung in bedeutendem Umfang billig gelogen oder gefälscht würde. Für die Art und Weise, mit der das Publikum nachdrücklich belästigt wird, ist typisch, dass die vorgebrachten Einzelheiten stimmen, so wie die Einzelheiten auch in den Propagandasendungen eines Karl-Eduard von Schnitzler praktisch immer gestimmt haben. Ja, sie stimmen. Und dennoch wurde bzw. wird getäuscht, getrickst und manipuliert, was das Zeug hält.

1. Was betrachtet wird, bestimmen wir

Bei diesem Vorgang handelt es sich um das Verbreiten der Unwahrheit sozusagen in höherem Sinne. Denn am besten lügt es sich immer noch mit der Wahrheit. Der Vorgang ist so simpel und durchschaubar, wie er wirkungsvoll ist. Sein Grundschema: Angenommen, für einen Sachverhalt sprechen fünfhundert Aspekte, und drei sprechen gegen ihn. Jetzt gebe man den fünfhundert Aspekten einfach das Gewicht der drei und den dreien das Gewicht der fünfhundert. Gelogen wird dabei nicht im engeren Sinne, sondern im weiteren. Hierbei handelt es sich um eines der beliebtesten geistigen Verfahren der Aufarbeitungsindustrie. Wer hier mental eingerastet ist, für den ist das daraus Folgende einfach nur folgerichtig: Die 136 Mauertoten – und sie waren zweifellos Opfer der DDR – werden im geschichtlichen Rückblick behandelt, als wären es Millionen. Und die Millionen Opfer des Westens bekommen im Gegenzug eine Bedeutung, als wären es 136. Wer das nicht begriffen hat, der ist nicht reif für die große Taufe der Aufarbeitung.

Ein weiteres Beispiel: Der wirkmächtigste deutsche Dichter des 20. Jahrhunderts, Bertolt Brecht, war ein leidenschaftlicher Anhänger der DDR, er entschied sich bewusst für diesen Staat und sein politisches System. Dafür gibt es nicht fünfhundert, dafür gibt es tausend Belege. Es gibt aber auch eine Handvoll Belege dafür, dass Brecht sich nachdenklich-kritisch gegenüber der DDR äußerte. Was nun geschieht heute? Thema ist Brechts „gespaltenes Verhältnis“ zur DDR *(Epoch Times)*, dass DDR-Funktionäre ihm „Steine in den Weg gelegt“ hätten und dann auch noch, „wo immer sie konnten“, dass er natürlich „missbraucht“ worden sei *(Globkult)*, dass der FDJ-Zentralrat ihm „am Arsch lecken“ könne *(Berliner Zeitung)*, dass er sich dem Kommunismus gegenüber „taktisch verhalten“ und eine „innere Distanz“ bewahrt hätte *(Die Welt)*. Fast ausschließlich die kritischen Äußerungen Brechts werden vorgetragen, das Entscheidende bleibt gleichsam „unter Verschluss“, denn es passt nicht in das gewünschte Bild. Aber Bertolt Brecht hielt – bei aller gebotenen Nachdenklichkeit – mit allen Fasern seines Wesens zur DDR. Als seine persönliche Antwort auf den 17. Juni 1953 war er sogar bereit, in die SED einzutreten.

Was hier ungeniert praktiziert wird, ist inhaltliche Gewichtsverschiebung mit dem Ziel, aus der Mücke den Elefanten bzw. aus dem Elefanten die Mücke zu machen. Natürlich darf sich der Kritiker dieser Zustände auf ein solches Niveau nicht begeben, und es darf ihm nicht darum gehen, den einseitigen Verteufelungen der DDR ihre einseitige Idealisierung entgegenzusetzen. Vielmehr gilt bloßzulegen, welche unredlichen Verfahren von der Aufarbeitungsindustrie in Anschlag gebracht werden. Dieser Vorgang entzieht sich keineswegs der Analyse, obwohl das den Aufarbeitern nun wirklich am allerwenigsten schmeckt. Denn schließlich: Sie gefallen sich in der Rolle der Bewertungsinstanz, und es ist bei ihnen nicht vorgesehen, dass sie selbst Bewertungsgegenstand sind. Dabei ist diese Bewertung ein sehr vergnügliches Unterfangen, denn wie bei jeder Propaganda gilt auch bei der Aufarbeitung im heutigen Stile: Sie hat ihren größten Feind in sich selbst.

In dem bereits zitierten offenen Brief an Vertreter der Bundesregierung und weitere Spitzenpolitiker mit der Forderung nach Fortsetzung der Millionenzahlungen verkündeten die Institutionen der Aufarbeitung, dass sie „mit ihrer wichtigen Arbeit einen unverzichtbaren Beitrag bei der Aufklärung über die kommunistische Diktatur leisten“ würden. Und mit der Bundesstiftung Aufarbeitung sei eine Einrichtung mit einem umfassenden Auftrag geschaffen, „um in der Gesellschaft in großer Breite zur Aufklärung über die kommunistische Diktatur, zur Erinnerung an die Folgen der Diktatur und zum Gedenken an die Opfer beizutragen“. Aber vollbringen sie wirklich Aufklärung? Handelt es sich um Aufarbeitung im eigentlichen Sinne? Welche Methoden werden in Anschlag gebracht? Das Grundschema fällt auf den ersten Blick ins Auge: Der Westen wird auf seine positiven Seiten reduziert, die DDR auf ihre negativen Gesichtspunkte, und diese Melange wird der Bevölkerung als Welt- und Geschichtsbild aufgedrängt. Doch lohnt auch das genauere Hinsehen. Es ist nicht schwer, diesen Vorgang zu analysieren, die Methoden aufzudecken, das Ganze geistig zu durchdringen.

2. Das abgekartete Damespiel

Hand aufs Herz: Was sind die „wahren", die „richtigen" Bilder von einem Menschen? Diejenigen, die ihm schmeicheln? Oder jene, die ihn eher unvorteilhaft darstellen? Natürlich müsste man hier salomonisch schließen, erst die Mischung ergebe das Gesamtbild, erst in dieser Mischung könnte man sich tatsächlich „ein Bild machen". Ist das mit Städten anders? Oder mit ganzen Ländern?

Auf die sinnentstellende, verzerrende inhaltliche Gewichtsverschiebung als ein erstrangiges geistiges Grundverfahren der Aufarbeitung sind wir am Beispiel Bertolt Brechts schon eingegangen. Tatsächlich lässt sich – zweitens – der deutschen Aufarbeitung vorwerfen: Das Problem liegt weniger in dem, was sie sagt, als vielmehr in dem, was sie bewusst verschweigt. Ein grundlegendes Verfahren dieserart Geistesleben ist die zielbewusste Vorauswahl der überhaupt zur Erörterung zugelassenen Aspekte. Wie an den Schwerpunkten der Stiftung Aufarbeitung ablesbar ist, führt diese Vorauswahl dazu, den Negativ-Gesichtspunkten das entscheidende Gewicht beizumessen und so zu tun, als sei dies alles, was über den Gegenstand der Erörterung wert wäre.

Dies ist eben ein weiterer Trick: Beim geschichtlichen Rückblick deutscher Medien und Politiker werden konsequent die für den DDR-Staat ungünstigsten Erscheinungen gewählt. Andere werden ausgeblendet oder, wenn das beim besten oder vielmehr schlechtesten Willen nicht möglich ist, zu Nebensächlichkeiten herabgestuft. Es ist wie beim Damespiel, das nur auf den dunklen Feldern stattfindet. Defizite und Verbrechen der DDR werden bis in die kleinsten Verästelungen ausgeleuchtet, zivilisatorische Fortschritte beachtlichen Ausmaßes dagegen bewusst außer Acht gelassen. Dass in der DDR das Schlagen von Kindern in der Schule verboten war, während in der BRD noch jahrzehntelang munter auf Schüler eingedroschen werden konnte, passt nicht ins Bild. Also bleibt diese Gegenüberstellung ausgeblendet. Dass Frauen im Westen bis 1977 ihren Ehemann um Erlaubnis fragen mussten, wenn sie arbeiten wollten oder sich ein Bankkonto einrichten, während schon in den Gründungsdokumenten der DDR die Gleichheit und Gleichberechtigung von Mann und Frau in der Ehe postuliert worden ist, desgleichen. Dass die Bundesrepublik den verbrecherischen Vietnamkrieg unterstützte, während die DDR auf der Seite der um ihre nationale Freiheit kämpfenden Menschen stand, findet keinen Eingang in die Grundbewertung. Dass die DDR-Programme der Wiedereingliederung einstiger Strafgefangener so aufwendig wie vorbildlich gewesen sind und allem überlegen, was sich uns an dieser Stelle in der Gegenwart bietet, werden die Aufarbeiter nicht einmal aus Versehen in den Mittelpunkt rücken. Und so weiter. Als der Philosoph Ernst Bloch 1961 die Bundesrepublik zur neuen Heimat erkor, begründete er diesen Schritt damit, er wolle „nicht länger Dame spielen, sondern endlich wieder Schach". Mit der in Deutschland praktizierten Aufarbeitung kehrt die geistige Auseinandersetzung zum Damespiel zurück.

3. Grundtugend Armut

Diese Aufarbeitung ist vor allem eins: arm. Ihre ganze Daseinsweise ist von einer schockierenden Mangelhaftigkeit; es ist, als hätte die deutsche Aufarbeitungsindustrie ein geistiges Armutsgelübde abgelegt. Im Prozess der Aufarbeitung fungiert ausgesprochene Einseitigkeit als Grundtugend, und das hat sie wieder mit der SED-Propaganda gemeinsam. Für die existierte seinerzeit der kapitalistische Westen unter den Aspekten Hochrüstung, Kriminalität, Arbeitslosigkeit,

Neofaschismus, Drogenabhängigkeit und Sozialabbau. Für die heutige Aufarbeitungspropaganda existiert die sozialistische DDR unter den Aspekten Mauer, Schießbefehl, Mangelangebot, Staatsbürgerkunde und Stasi-Bespitzelung. Beide Seiten hatten bzw. haben zunächst damit nicht unrecht, sowohl als auch handelt es sich um Züge, die bei der Gesamtschau nicht übergangen werden dürfen. Problematisch wird es, wenn es sich darauf reduziert. Und das tut es.

Hier haben sich Menschen gefunden, die äußerlich verschiedenen Lagern angehören, die innerlich, in ihrem Denk- und Arbeitsschema, jedoch viel mehr verbindet als trennt. In beiden Fällen ist der Tunnelblick Konvention. Aber: Weil das heute von den Aufarbeitern gezeichnete Bild von der DDR allein die Annahme duldet, dass sie keinerlei Werte verkörpert hat, nichts von Wert anstrebte und schon gar nichts von Wert schuf, ist es falsch. Genauso einseitig-falsch, wie das Bild des Westens war, das in der DDR gezeichnet wurde. Historische und beweisbare Tatsache ist vielmehr, dass die DDR sich wertvolle Dinge vornahm und – auf bestimmten Feldern jedenfalls – dabei erstaunlich weit vorangekommen ist. Die Aufarbeitung in Deutschland abstrahiert davon wissentlich und willentlich, ist also nicht auf die Beseitigung von Defiziten aus, sondern darauf, diese Defizite überhaupt erst zu produzieren und zu verstetigen.

4. Die DDR als Raumschiff Enterprise

Ein weiteres geistiges Verfahren, wie es für die Aufarbeitungsindustrie typisch ist: das notorische Ausblenden von Zusammenhängen. Dieses Grundprinzip lässt sich beispielsweise in der Potsdamer Gedenkstätte Leistikowstraße studieren, die mit dem Geld der rot-roten Landesregierung in Brandenburg errichtet worden ist. Darin wird den Besuchern aufwendig, gestützt auf modernste Technik und sehr eindrucksvoll vor Augen geführt, wie grausam zwischen 1945 und 1954 Russen mit dort inhaftierten Deutschen verfuhren. Kein Raum dieser Gedenkstätte ist aber dem Thema gewidmet: Wie sind zwischen 1941 und 1945 Deutsche mit Sowjetbürgern umgegangen? Wie sind die Russen überhaupt nach Potsdam gekommen? Wenn es jemals gerechten Hass auf der Welt gegeben hat, dann war dies 1945 der Hass der Russen auf die Deutschen. Natürlich wären Verbrechen der Besatzungsmacht dann immer noch nicht gerechtfertigt. Aber die Darstellung solcher Zusammenhänge – und die würden diese Gedenkstätte zu einem Versöhnungszentrum machen – scheuen die Aufarbeiter wie der Teufel das Weihwasser. Als hätte Adorno das geahnt, schrieb er in seinem Aufsatz „Was bedeutet: Aufarbeitung der Vergangenheit“: „Zuweilen werden die Sieger zu Urhebern dessen gemacht, was die Besiegten taten, als sie selber noch obenauf waren, und für die Untaten des Hitler sollen diejenigen verantwortlich sein, die duldeten, daß er die Macht ergriff, und nicht jene, die ihm zujubelten.“

Adorno befasste sich konkret mit Entwicklungen, die in ihrer Wirkung kaum überschätzt werden können: „Unter jenen objektiven Konstellationen ist die vordringlichste vielleicht die Entwicklung der internationalen Politik. Sie scheint den Überfall, welchen der Hitler auf die Sowjetunion verübte, nachträglich zu rechtfertigen. Indem die westliche Welt als Einheit sich wesentlich durch die Abwehr der russischen Drohung bestimmt, sieht es so aus, als hätten die Sieger von 1945 das bewährte Bollwerk gegen den Bolschewismus nur aus Torheit zerstört, um es wenige Jahre danach wieder aufzubauen. Von dem zur Hand liegenden ›Hitler hat es ja immer gesagt‹ führt ein rascher Weg zur Extrapolation, daß er auch mit anderem recht gehabt habe.“ Zitat Ende.

Versöhnung mit Kommunisten gibt es nicht. Unter dieser Maßgabe der Aufarbeitung wird die DDR ständig isoliert betrachtet, so als wäre sie ein Raumschiff Enterprise gewesen, das während seiner Fahrt mit dem umgebenden All in keinerlei Zusammenhang stand. Dabei kann niemand die Verbrechen der DDR sinnvoll einordnen, ohne sich vor Augen zu halten, was um sie herum geschah, und vor allem: welche Verbrechen in der gleichen Zeit die westlichen Demokratien begingen. 136 Mauertote, Tausende im Stasi-Knast und Restriktionen bei Auslandsreisen sind Tatsachen, die hier den Millionen und Abermillionen Opfern entgegenstehen, die mit Leid und Tod für westliche Macht- und Aneignungsinteressen bezahlt haben. Von den unglaublichen Kolonialmassakern der westlichen Demokratien zwischen 1945 und 1989 ganz abgesehen: Es gab nicht eine einzige faschistische Diktatur in Afrika, Asien und Lateinamerika, die vom freien und demokratischen Westen nicht unterstützt worden wäre. Was unterscheidet die Opfer der DDR von denen, die der freie und demokratische Westen gefordert hat? Die Antwort ist denkbar leicht: Die Opfer der DDR haben in der Regel überlebt und sind heute dazu imstande, sich ihre einstigen Gegner vorzuknöpfen.

Man mag einwenden, dass es unstatthaft ist, das Verbrechensvolumen eines Landes gegen das einer ganzen Staatengruppe aufrechnen zu wollen. Doch im Einzelvergleich kommen die westlichen Staaten auch nicht besser weg. Nehmen wir als Beispiel Frankreich in den Blick, seit 1949 Traditionsfreund, Herzensbruder, mit dem Westdeutschland wie selbstverständlich eine Wertegemeinschaft bildet. Bei dem verbrecherischen Versuch, seine Kolonie in Indochina wiedereinzurichten, hat Frankreich bis 1956 1,7 Millionen um ihre nationale Unabhängigkeit kämpfende Menschen umgebracht. In Algerien fand dieser grauenhafte Vorgang bis 1962 statt und kostete zwischen 800 000 und 1,1 Millionen Menschen das Leben. Madagaskar hatte „Glück“, da waren es nur 80 000 Opfer, welche die europäische Kolonialmacht forderte, bevor sie abzog. Massenermordung von Gefangenen, Massenfolterungen, Vergewaltigungen – kein Verbrechen hat bei diesen Kriegen gefehlt. Strafrechtlich aufgearbeitet wurde diese Zeit jedoch nie. Dass Zehntausende Deutsche in den Uniformen der Fremdenlegion einen Großteil dieser Kolonialmassaker verübten, sei hier nur am Rande vermerkt. Will im Ernst jemand behaupten, die DDR habe auch nur den Bruchteil einer solchen Schuld auf sich geladen?

Wer hat also Grund zur kritischen Aufarbeitung der eigenen Geschichte? Ja, auch die DDR! Aber eben nicht nur sie. Und Menschen, die sich halbwegs den Tatsachen verpflichtet fühlen, sollten sich nicht mit der albernen Phrase abspeisen lassen, diese Dinge könne man „nicht miteinander vergleichen“. Man kann nicht nur, man muss sogar.

5. Das Ziel ist alles – die Bewegung ist nichts

Eines denkenden Menschen unwürdig ist die peinliche ahistorische Statik in der geschichtlichen Wahrnehmung der Aufarbeiter. Sie offenbart eine geistige Beschränkung, für die es schon in der vierten Schulklasse eine schlechte Note geben müsste. Während es sich von selbst versteht, dass die Bundesrepublik der 50er Jahre nicht die der 80er Jahre war, ignorieren sie standhaft, dass auch in der DDR die Dinge im Fluss waren. Dass sich die führende Partei vielfach korrigierte, dass sie neue Wege beschritt, fällt konsequent unter den Tisch. Der Einfachheit halber – aber eben unsachgemäß – werden DDR-Merkmale der Frühzeit für die späteren Jahre geltend gemacht.

Dafür wiederum ein schillerndes Beispiel: Walter Ulbrichts kindische Verhöhnung der Beatmusik („Jei, jei, jei“)

ist anscheinend alles, was zum Thema DDR und Rockmusik zu sagen wäre. Oder doch nicht? Mal abgesehen davon, dass Rockmusik seinerzeit in der alten BRD auf ähnliche Vorbehalte und Widerstände gestoßen ist: Dass in der DDR kurz nach Ulbrichts unqualifizierter Einlassung wichtige Korrekturen stattfanden, ist genauso wahr. Im Schullesebuch (!) der 80er Jahre findet sich der Text „Give Peace a Chance", in dem John Lennon ausdrücklich gewürdigt und bewundert wird und in dem ein DDR-Junge schreibt: „Ich fand John, seine Kollegen und ihren Schlachtruf ›Yeah, Yeah, Yeah!‹ unheimlich stark." Es gibt Grund zu der Annahme, dass in der DDR der Deutschrock erfunden worden ist, zumindest aber in einem Maße an Breite gewinnen konnte, wie das für die ehemalige Bundesrepublik undenkbar gewesen wäre. Die DDR richtete den weltweit ersten wissenschaftlichen Lehrstuhl für Rockmusik an einer Universität ein. Um nur ein paar Details zu erwähnen, die eine sinnvolle Einordnung gestatten würden.

Was aber bietet die Stasi-Unterlagenbehörde dazu an? Eine aufwendig gestaltete Broschüre zum Thema „Gefängnis statt Rolling Stones". Das Entscheidende wurde nicht verschwiegen, nein, es wurde in einem einzigen Satz zusammengedrängt. Dass bei allen Vorbehalten letztlich der Vorgang zu einem glücklichen Ende kam und die Rolling Stones nicht für immer verboten waren, sondern ihre Amiga-Schallplatte in der DDR veröffentlichen konnten. Aber nicht nur diese Band, auch die Beatles, Status Quo, Cat Stevens, Fleetwood Mac, Udo Lindenberg, Chuck Berry, Pink Floyd, Deep Purple, John Lennon / Yoko Ono, Elvis Presley und andere bekamen ihre Schallplatten in der DDR mit SED-Genehmigung. Auf DDR-Platte gepresst wurde die Musik von Abba, den Bee Gees, The Rubettes, The Hollies, Slade, Jimi Hendrix und vielen mehr. Wurde die Einhaltung der Vorschrift, bei Musikveranstaltungen das Verhältnis 60 zu 40 zu wahren (60 Prozent Musik aus sozialistischen Ländern, 40 Prozent aus dem „nichtsozialistischen Wirtschaftsgebiet“), in den 60er Jahren noch aufmerksam überwacht, war die Umsetzung später nicht mehr so streng. In Frankreich galt übrigens die Anweisung, zu 80 Prozent französischstämmige Musik zu spielen. Das führt zum nächsten Punkt.

6. Wenn zwei das Gleiche tun, ist es nicht das Gleiche

Nicht zuletzt hat die Aufarbeitung sich selbst in die Pflicht genommen, niemals etwas anderes anzulegen als zweierlei Maß. Die – alles in allem – äußerst zurückhaltend angewandte Todesstrafe in der DDR gilt als Beleg für ihre Unmenschlichkeit. Die praktizierte Todesstrafe in den USA, in Frankreich (bis 1981) und in Großbritannien (immerhin noch bis 1965) konnte und kann die westliche Wertegemeinschaft aber trotz vereinzelter Proteste nicht erschüttern. Häftlingsarbeit zu DDR-Zeiten ist „Zwangsarbeit“, besser noch: „Sklavenarbeit“. Häftlingsarbeit in den USA: siehe Wertegemeinschaft. Hier wird das Streben offenbar, an seinen Gegner Maßstäbe anzulegen, vor denen man die eigene Seite verschont. Das ist sittenlos, schamlos, der geistigen Arbeit nicht würdig. So arbeiten Propagandisten und Agitatoren.

Am Ende dieses Weges steht der fatale Zustand, dass nicht mehr ein Wertesystem, nicht UN-Konventionen und internationale Vereinbarungen oder auch die Zahl unschuldiger Opfer in der Staatspolitik über richtig und falsch, gerecht und ungerecht, positiv und negativ entscheiden, sondern die territoriale Lage. Dann hat eben der „Westen“ mit allem recht, was er tut. Und wen er als Gegner einstuft, der hat mit allem unrecht. So einfach kann man es sich natürlich auch machen. Seit dem Untergang des sozialistischen Lagers befindet sich die Welt auf diesem Wege – von Völkerrecht spricht inzwischen kaum noch jemand –, der in seinen absehbar grauenhaften Konsequenzen gar nicht überschätzt werden kann.

Am stärksten demaskiert sich diese doppelte geistige Buchführung in der Unrechtsstaatdebatte. Warum die DDR ein Unrechtsstaat sein soll, die übrigen sozialistischen Staaten aber nicht, das erfährt kein Mensch. Was trennte sie denn in ihren Grundprinzipien? Es ist nachweisbar, dass die kommunistische Machtausübung in allen anderen sozialistischen Staaten rüder, brutaler und opferreicher war als in der DDR. Polen hatte nach 1945 noch rund 60 000 Tote in inneren Kriegen zu beklagen, Ungarn Hunderte, wenn nicht Tausende. Doch einzig und allein an der DDR klebt das Verdikt „Unrechtsstaat" wie das Pech an der bekannten Marie. Für eine solche Hervorhebung gibt es sachlich keinen Grund, wenn man die absurden pädagogisch-ideologischen Ziele der Aufarbeiter nicht einen Grund nennen will.

Im Jahr 2009 bot der brandenburgische Generalstaatsanwalt Erardo C. Rautenberg eine interessante Argumentation zu diesem Streitpunkt an. Die damalige Nachrichtenagentur ddp veröffentlichte folgenden Text:

Generalstaatsanwalt:
Definition des Unrechtsstaats existiert nicht

Die wieder aufgeflammte Debatte um die DDR-Bewertung als „Unrechtsstaat" nannte Brandenburgs Generalstaatsanwalt Erardo Rautenberg „klassisch deutsch" und „eigentlich blödsinnig". Wie er am Freitag gegenüber ddp weiter äußerte, sei dieser Streit mangels exakter Begrifflichkeiten und Definitionen überflüssig.

Die Potsdamer Junge Union hatte zuvor vom designierten Justizminister Brandenburgs, Volker Schöneburg (Linke), verlangt, das Amt nicht anzutreten, und begründete dies damit, Schöneburg habe in einem juristischen Aufsatz von 2002 die Klassifizierung der DDR als Unrechtsstaat abgelehnt.

„Die DDR war zweifellos kein Rechtsstaat“, wie das Grundgesetz ihn definiere, sagte Rautenberg dazu. Sie deswegen automatisch zu einem Unrechtsstaat zu machen, sei aber deswegen nicht korrekt, „weil es eine Definition des Unrechtsstaates nicht gibt“.

Es sei jedenfalls nicht angängig, alle Staaten, welche die Rechtsstaatkriterien nicht erfüllen, deswegen in Bausch und Bogen zu Unrechtsstaaten zu erklären, gab Rautenberg zu bedenken. „Das müsste dann sehr viele Staaten betreffen.“ Er verwies darauf, dass schon Anfang der 90er Jahre die Theologen Friedrich Schorlemmer und Richard Schröder den auf die DDR gemünzten Begriff Unrechtsstaat abgelehnt hätten.

Auf die Frage, ob es denn jemals eine allgemeingültige Definition des Unrechtsstaates geben werde, sagte der Spitzenjurist: „Das glaube ich nicht.“ Denn was außerhalb des unmittelbaren Rechtsstaatsideals auf der Welt existiere, sei „ein riesiges Spektrum“.

Der Begriff des Rechtsstaates suggeriere, dass dortzulande nur Recht geschehe, während der auf die DDR bezogene Begriff Unrechtsstaat nahelege, dass in der DDR nichts als Unrecht gewaltet habe, sagte Rautenberg. „Wenn das so gewesen wäre, dann hätte man nach 1990 sämtliche DDR-Strafurteile kassieren müssen.“ Dies sei aber mit gutem Grund nicht geschehen. Vielmehr habe sich das auf vermutete oder erwiesene unmittelbare Rechtsverstöße beschränkt.

In dieser Debatte um den Begriff des Unrechtsstaates „sind wir seit der Wiedervereinigung keinen Schritt weiter gekommen, weil jeder darunter etwas anderes versteht“, schätzte der Generalstaatsanwalt ein. In „mehreren Intervallen“ koche der Streit hoch, um dann regelmäßig „im totalen Chaos und Missverständnis zu enden“.

7. Eine scheinheilige Unterscheidung

Ein weiterer übler Trick der Aufarbeitung besteht darin, theoretisch die Gleichwertigkeit von Naziverbrechen und SED-Untaten zu verneinen, sie aber in der Praxis immer wieder zusammenzuspannen. Am weitesten geht dabei die Gedenkstätte Hohenschönhausen. Ungeniert finden sich da Ausstellungsthemen wie „Ich habe meine Pflicht getan – Täter im Dritten Reich und in der DDR“. Oder: „Deutsche Diktaturen vor Gericht – Die strafrechtliche Aufarbeitung von NS- und SED-Verbrechen“. Das ist eine Groteske vor allem deshalb, weil ja nicht die diktatorische DDR, sondern die demokratische Bundesrepublik Deutschland der sichere Hort für die Nazi-Täter gewesen ist. Im Westen Deutschlands sind Hitlers willige Vollstrecker in Machtpositionen gelangt oder geblieben, konnten ihre Seilschaften ausbilden und ihre Nachkommenschaft in lukrative Positionen hieven. Die BRD war kein faschistischer Staat, nein. Aber sie war ein Staat der Faschisten. Sie war ein Staat, in dem Faschisten sich geborgen und vor Strafverfolgung geschützt fühlen konnten. Die DDR hat das heute zu büßen.

8. Verleumde kühn – etwas bleibt immer hängen

Die Aufarbeiter lassen es sich zudem angelegen sein, unbewiesene und sogar widerlegte Behauptungen aufzustellen und sie so lange zu wiederholen, bis daraus eine „Wahrheit“

wird. Studieren lässt sich das wiederum am Gebrauch des Unrechtsstaatsbegriffs. Keine dazu befugte Institution hat die DDR als „Unrechtsstaat" eingestuft, sie erfüllt auch kein Kriterium dafür. Dass sie als Unrechtsstaat bewertet werden könnte, ist juristisch widerlegt (siehe Rautenberg). In den Berichten von Amnesty International, die von 1972 bis 1990 auch über die DDR erschienen, findet sich kein einziger Beleg, der die DDR als „Unrechtsstaat" einstufen würde. Wenn sie kein Rechtsstaat im Sinne des deutschen Grundgesetzes war, so teilte sie diese Eigenschaft mit 80 bis 90 Prozent aller auf der Erde damals existierenden Staaten. Wenn die alle „Unrechtsstaaten" wären, ja, dann war natürlich auch die DDR einer.

Lohnt sich angesichts dieses Übermaßes an geistigem Unfug überhaupt noch ein Wort? Wenn nun führende Aufarbeiter angesichts ihrer argumentativen Schwächen sich dagegen verwehren, „auf gleicher Augenhöhe" mit ihren intellektuellen Kontrahenten zu debattieren, dann ist ihnen zuzustimmen – allerdings in einem völlig anderen Sinne. Denn es sind Deutschlands Aufarbeiter, welche das Mindestmaß an Augenhöhe nicht erreichen.

9. Die Taigatrommel

Wenn ein Ideologiekombinat wie die deutsche Aufarbeitungsindustrie seine Existenzberechtigung unter Beweis stellen will, muss es trommeln, was das Zeug hält. Denn es geht in der heutigen Welt weniger darum, recht zu haben, als vielmehr recht zu behalten. Und schließlich will es Millionen aus dem Steuertopf, die man nicht einfach so bekommt, zumal auch bei den Spendern inzwischen Fragen auftauchen. Der neunte Trick der Aufarbeiter besteht also im ständigen Lärmen. In der Nutzung ihrer ausgezeichneten

Kontakte in die wichtigsten Medien hinein überbietet sie niemand. Es gilt, sich permanent als Rächer im Dienste der Wahrheit zu inszenieren, der dunklen Mächten gegenübersteht, denen die Maske vom Gesicht zu reißen ist.

Inzwischen fechten Historiker, die sich ihre sachliche Herangehensweise bewahren wollen, mit jenen einen Streit aus, die ihre ideologisch motivierten Thesen verbindlich machen wollen und dabei breite Unterstützung in den Medien finden. In seinem Text „Schuld und Zeitgeschichte – Zwölf Thesen zur Auseinandersetzung mit den deutschen Diktaturen" (Deutschland Archiv 2008) schrieb Rainer Eckert:

„Besonders befremdet dabei, dass 18 Jahre nach dem Ende des Kommunismus in Deutschland und angesichts einer Nation, die erstmals in gesicherten Grenzen, in Einheit, Freiheit und Demokratie lebt, einige Historiker und Politologen nicht ungeschickt in Teilen der Öffentlichkeit und der Politik den Eindruck verbreiten, die Auseinandersetzung besonders mit der zweiten deutschen Diktatur sei gescheitert und die Deutungsmacht über die Geschichte der SED-Diktatur befinde sich zunehmend in den Händen einiger uralter Kader der alten Staatspartei und deren Geheimpolizei sowie jüngeren Nacheiferern.

Nichts ist falscher als dieser Eindruck. [...] Trotzdem gibt es immer wieder – von Henke zu Recht Alarmismus genannte – fundamentalistische Attacken auf den Zustand der Auseinandersetzung mit der kommunistischen deutschen Diktatur, die sich vor allem an die Öffentlichkeit, an die Medien und Politiker richten. Das Muster ist sich dabei immer ähnlich. Zuerst wird in aller Regel auf wirkliche und behauptete Defizite besonders in der Vermittlung von Wissen über die Herrschaft der SED verwiesen, dem folgt die vollkommen überzogene Beschreibung des Auftretens einiger MfS-Pensionäre, um dann zu behaupten, diese und die PDS/Linke dominierten inzwischen weitgehend das

Geschichtsbild der Deutschen oder seien zumindest auf dem Wege dahin."

Es habe sich, so Eckert weiter, grundsätzlich der Wille durchgesetzt, die jüngste deutsche Geschichte kritisch aufzuarbeiten und damit die Demokratie der Bundesrepublik zu stärken. „Doch wird dieser Konsens immer wieder durch schrille Töne verletzt. Diese kommen in der Regel von Autoren, die zur Zeit des Historikerstreits [1986/87; es ging um die historische Singularität des Massenmords an den Juden] dem linken, sehr oft aber auch dem linksradikalen Lager angehörten und nach einem wundersamen Einstellungswandel heute scheinbar konservative Positionen vertreten. Dabei schlagen sie in geschmackloser Art und Weise auf diejenigen Wissenschaftler ein, die sie früher – wie ich allerdings nur vermuten kann – wohl als ›Revisionisten‹ oder ›Schreiberlinge des Kapitals‹ verachtet hätten. Dazu kommt, dass diese Autoren in ihrer Partisanentaktik eigentümlichen Verschwörungstheorien nachgehen – auch dies wohl ein Erbe aus ihrer sicher revolutionär bewegten Jugendzeit."

So ist – immerhin 25 Jahre nach dem Ende der DDR und unter dem Eindruck, dass von ihr nicht die geringste Gefahr für die Demokratie ausgeht – das Pathos zu erklären, dass der ab S. 28 zitierte Brief der Aufarbeitungsinstitutionen an die deutsche Politik verströmt. Natürlich wurde danach das Füllhorn wieder weit geöffnet. Das Glasperlenspiel kann fortgesetzt werden. Tatsache ist jedoch: Die DDR wurde seit 1949 von ihren Feinden umfassend durchleuchtet, ihre Herrschaftsmechanismen waren schon 1990 genügend erforscht, die Zugänglichkeit der DDR-Archive hat den Beispielreichtum erhöht, nicht aber die Aussagen geändert. Umso geschickter muss der Virtuose die Klaviatur bedienen. Wo nicht der Inhalt eine Rechtfertigung darstellt, da schaffen es sicher Rhythmus und Klang.

10. Ohne ethische Grundlage geht es auch

Der Block der Aufarbeiter ist sich in einem entscheidenden Punkt weitgehend einig: Über die juristischen, ethischen oder auch rechtsstaatlichen Grundlagen ihres Anliegens reflektieren sie nicht. Das ist ein wichtiges Merkmal, eine wesentliche Voraussetzung ihrer Tätigkeit. Es ist aber gleichzeitig, gerade weil diese Aufarbeitung eng mit der Stasi-Verfolgung zusammenhängt, also mit dem unmittelbaren Demütigen und Entrechten von Menschen, mit Berufsverboten und vielem mehr, ein unzulässiges, ja ein empörendes Versäumnis. Man halte sich vor Augen: Diese seit zweieinhalb Jahrzehnten andauernde Verfolgung gilt Menschen, die keine Straftäter sind. Oder hat irgendjemand schon einmal vernommen, dass es einen Straftatbestand darstellt, den Geheimdienst seines Vaterlandes zu unterstützen? Natürlich werden die Aufarbeiter wissen, dass jeder Mensch der Welt das Recht besitzt, mit seinem nationalen Geheimdienst zusammenzuarbeiten. Ist die DDR der einzige Staat der Weltgeschichte, bei dem das nicht gegolten hat? Wenn dem so wäre – warum sagen es die Aufarbeiter nicht einfach? Wenn ein Russe den russischen Geheimdienst unterstützt, ein US-Amerikaner den CIA, ein Franzose, ein Brite, ein Pole die Geheimdienste ihrer jeweiligen Länder, so ist das etwas, womit man im Nachhinein sogar prahlen kann, wohinter möglicherweise eine moralische Verpflichtung steht. Eine Handlung, die im Westen bewundert wird, ist jedoch ein Verfolgungsgrund, wenn ein DDR-Bürger sie beging. Das ist ein offenkundiges Bekenntnis zum Grundsatz „Wenn zwei das Gleiche tun, ist es nicht das Gleiche“ und ein Bruch des Rechtsstaatsgedankens. Zur Begründung wird angeführt, dass ein Stasi-Mitarbeiter Vertrauen missbraucht habe. Das hat er zweifellos. Vertrauensbruch ist die Natur jeglicher Geheimdiensttätigkeit. Was also kann man einem Stasi-IM vorwerfen, was man nicht jedem IM der Weltgeschichte vorwerfen könnte? Auch die unglaubliche Ausdehnung der Stasi-Überwachung in der DDR kann hier nicht zur Rechtfertigung einer Sonderbehandlung einzelner Menschen dienen, denn kein IM des MfS hatte Kenntnisse von diesem Ausmaß.

Die meisten Straftaten verjähren irgendwann; Menschen, die keine Straftäter sind, dürfen aber endlos gebrandmarkt, verfolgt und in ihren Rechten beschnitten werden – das ist die unhaltbare Lage in Deutschland. Die Betroffenen haben es in der Demokratie nicht so gut wie die Nazi-Täter seinerzeit. Und es sind die Aufarbeiter, welche das geistige Rüstzeug dafür liefern. Wo liegen die juristischen und sittlichen Grundlagen für diesen Verstoß gegen die Gebote der Menschlichkeit?

11. Wer nicht hören will, muss fühlen

Das führt schließlich zum nächsten Punkt: Weil auf der Hand liegt, dass die alles beherrschende einseitige Sicht auf die DDR ahistorisch und unangemessen ist, in ihren Auswirkungen ethisch und rechtsstaatlich extrem bedenklich, und weil es geradezu kinderleicht ist, sie zu widerlegen, ist noch ein entscheidendes, vielleicht das wichtigste Mittel der Aufarbeiter zu beleuchten: Sie arbeiten einer sachlichen Auseinandersetzung gezielt entgegen. Weil die Aufarbeiter in besser informierten Kreisen argumentativ nicht bestehen, werden Machtmittel gegen Andersdenkende eingesetzt. Denn Macht hat der deutsche Staat ihnen gegeben, und in die Medien hinein sind sie hervorragend vernetzt. Veranstaltungen, die immerhin vom Steuerzahler finanziert werden, werden in schamloser Einseitigkeit besetzt. Publikationen finanziert, wenn sie die genehme ideologische Ausrichtung versprechen. Dieses Gehabe wird als Wissenschaft oder Forschung ausgegeben. Aber natürlich gibt es auch in Nordkorea eine „Forschung", welche mehr oder weniger geschickt vorgegebene Thesen zu bebildern hat.

Ein auf wundersame Weise dressierter Mainstream-Journalismus steht hier zur Seite, verordnete sich in diesem Punkt Selbst-Gleichschaltung und sorgt dafür, dass kaum jemand öffentlich die „falschen Fragen" stellen kann. Inzwischen werden sogar Menschen wie Friedrich Schorlemmer, Daniela Dahn, Matthias Platzeck oder Lothar de Maizière, die sich der unverfrorenen Einseitigkeit nicht beugen, in zwielichtige Bereiche gerückt. Sie werden geschnitten, ausgegrenzt, verleumdet. Menschen, die anderer Meinung sind, werden nicht an die Mikrofone gelassen. Weil die Aufarbeiter in sachlichen Auseinandersetzungen nicht bestehen, wählen sie als Kampffeld die Unsachlichkeit. Sie schämen sich nicht, wissenschaftliche Fragestellungen politisch und mit institutionellen Machtmitteln entscheiden zu wollen.

Diese Aufarbeitung erfüllt nicht die Kriterien einer sachlichen Geschichtsbetrachtung, sie erfüllt die Kriterien der Bauernfängerei. Es handelt sich um die Wiederauferstehung der Propaganda. Ihre traurigen Triumphe beruhen auf vorschriftsmäßig erworbener Erkenntnis, vor allem aber auf Unkenntnis. Mit diesem Vorgang haben üble Seiten der DDR überlebt. Ihr Chefpropagandist Karl-Eduard von Schnitzler feiert hier fröhliche Urständ – vermutlich nun endlich im Dienste der richtigen Sache.

Hauptvorwurf gegen die Aufarbeitung: Sie erklärt wenig oder nichts

Wie müsste hier der zentrale Vorwurf lauten? Dass die Methoden der Aufarbeiter ungerecht und unwissenschaftlich sind? Dass sie gehässig sind? Dass die transportierten Inhalte einseitig, unvollständig und darin eben letztlich unwahr sind? Nein, das alles ist zwar im Spiel, ist aber nicht die Hauptsache. Der entscheidende Vorwurf gegen die Aufarbeitungsindustrie müsste erstens lauten, dass sie wenig oder gar nichts erklärt. Sie macht den Verlauf der DDR-Geschichte nicht verständlich.

Sie erklärt nicht die ruhige Entwicklung Ostdeutschlands von 1949 bis 1990 mit einer – im weltweiten Vergleich – äußerst geringen Zahl an Todesopfern. Und auch nicht, warum die DDR in so vielen Bereichen weit fortschrittlicher war als die Bundesrepublik. Sie erklärt nicht den erstaunlich friedlichen, gelassenen Übergang 1989. Sie erklärt nicht, weshalb Millionen Menschen sich gern an die DDR zurückerinnern, warum sie Zufriedenheit und Glück in diesem Staat erlebt haben, und auch nicht, wieso dem Baby-Boom in der DDR der Gebärstreik nach der Wende folgte. Sie erklärt nicht die weltweite Anerkennung der DDR, ihre unter schwierigsten Bedingungen erreichten innen- und außenpolitischen Errungenschaften. Und auch nicht ihre hervorragenden literarischen und filmischen Werke. Sie erklärt nicht, weshalb es 1989/90 eben keine massenhafte Abrechnungswut gegeben hat, und sie erklärt nicht das beständig vorbildliche Abstimmungsverhalten der DDR in der UNO. Genauso wenig, wie sie erklärt, wieso viele ihrer Gegner lange Zeit zu ihren glühenden Verteidigern zählten. Sie erklärt nicht die Massenbewegung „Für unser Land“, in der die DDR 1989/90 bewahrt werden sollte. Sie erklärt nicht, warum selbst die Akteure der Wende 1989 in ihrer großen Mehrheit gar nicht daran dachten, die DDR und den Sozialismus preiszugeben. Sie erklärt nicht das damals wie heute positive Image der DDR in der Welt, vor allem in der Dritten Welt.

Zweitens ist ein verhängnisvolles Ergebnis der Aufarbeitung ihre Ablenkungswirkung. Denn natürlich müsste sich der Mensch vor allem mit den Problemen der Welt befassen, in der er jetzt gerade leben muss – nicht mit den problematischen Seiten einer Welt, in der er nicht lebt und nach menschlichem Ermessen auch niemals leben wird. Indem die Aufarbeiter beständig die Themen DDR und kommunistische Diktatur in den Vordergrund schieben, rücken sie gleichzeitig die bestialische Verbrechensgeschichte des Westens in den Hintergrund. Hier aber liegen die eigentlichen Fragen unserer Zeit. Damit wäre in der Tat ein wichtiges Feld für die Aufarbeitung gegeben. Die in Deutschland praktizierte Aufarbeitung erfüllt objektiv eine Ablenkungsfunktion.

Wohin Deutschland mit diesem Stil in der Vergangenheitsabrechnung inzwischen geraten ist, muss dringend untersucht werden. Denn die in der modernen westlichen Welt betriebene Meinungskonfektion, dieses maßlose „Aufarbeiten", ist inzwischen seelenverwandt mit dem von George Orwell in seiner Schreckensutopie beschriebenen Doublethink (Zwiedenken). Es lohnt, diese Parallelen herauszuarbeiten.

George Orwell und wir – Doublethink als Bestandteil des modernen westlichen Bewusstseins

Er kämpfte an der Seite von Ernest Hemingway, Ludwig Renn und dem späteren NVA-Kommandierenden Heinz Hoffmann in Spanien gegen den Faschistenputsch Francos. Er war Sozialist und Freidenker. George Orwell, mit bürgerlichem Namen Eric Arthur Blair, hasste und bekämpfte die Kolonialpolitik seines demokratischen Vaterlandes Großbritannien, er hasste Heuchelei und Lüge. Mit 47 Jahren starb er an einer verschleppten Lungenentzündung. Orwell hinterließ mit seiner Dystopie „1984" eine geniale Warnung und ein geistiges Modell, an dem sich jede Generation aufs Neue abarbeiten muss.

In der DDR war „1984" ein verbotenes Buch. Die Gründe dafür sind nicht zu akzeptieren, aber zu benennen. Relativ leicht lassen sich in der von Orwell entworfenen monströsen Gesellschaft Elemente finden, welche als harte und auch recht genaue Kritik an DDR-Zuständen verstehbar sind. An Zuständen, die keineswegs Ruhmesblätter dieses Staates waren. Staatlich dominierte Organisationsstrukturen, Militarisierung, Überwachung, Behinderung, wenn nicht Verfolgung Andersdenkender, geistige Vereinheitlichungstendenzen, Verhinderung einer offenen Debatte, Einbahnstraße beim Informationsfluss, Monstranzenbewegung bei Demonstrationen, die Unterwerfung des Rechts durch die Macht, ideologische Kampagnen – dies waren längst nicht die einzigen Parallelen zwischen Orwells fiktivem Staat „Ozeanien" und der DDR.

Vor allem im dritten Teil aber dreht die Handlung des Romans ab in eine Orgie ziel- und grenzenloser Grausamkeit. Das lässt sich auf die DDR nicht münzen, so war sie nicht, innere Tendenzen dafür besaß sie auch nicht – kein Vertreter der DDR hätte das auf sich beziehen müssen.

Orwell selbst hat betont, dass es ihm mit diesem Buch nicht um politische Schuldzuweisung an eine Seite gehe, sondern er durchaus in alle Richtungen vor Gefahren warnen wollte. Der für gewöhnlich naiven und selbstgefälligen Orwell-Rezeption im Westen setzte vor allem der deutsch-amerikanische Philosoph und Sozialpsychologe Erich Fromm wichtige Schranken: Wer in Orwells Beschreibung lediglich eine Entlarvung des Stalinismus sehe, der übersehe einen grundsätzlichen Wesenszug seiner Analyse. Das Entscheidende nämlich bleibe allgemein und weltweit gültig: Wie werden Sprache und Denken verkrüppelt, wenn die Wahrheit in etwas transformiert wird, was von politischen oder Machtinteressen abhängt?

Orwell ersann dafür sein geniales Konstrukt „Doublethink", das Zwiedenken. Gemeint ist die auferlegte und antrainierte Fähigkeit, gegensätzliche Positionen gleichzeitig zu vertreten. Das hat laut Erich Fromm nichts Zynisches, Ironisches oder Spielerisches. Und das ist es, was „1984" heute noch lesenswert macht. Dem Zwiedenken verfallen ist ein Mensch, dem sämtliche eigenen inneren Maßstäbe ausgetrieben worden sind. Nur dann ist er seitens einer Übermacht zombihaft steuerbar. Zwiedenken lebt von der Zerstörung von Gedächtnis und davon, dass es keine allgemeinen Maßstäbe gibt, an denen sich das Verhalten von Menschen oder Staaten messen lässt.

Nur – diesen Einwand schuldet man der Wahrheit: Ein solches Doublethink entsteht nicht zwangsläufig, wie 1989 gesehen, in autoritären Staaten à la DDR. Wenn seinerzeit ein Kind daheim Westfernsehen sah und angehalten war, in der Schule darüber nicht zu sprechen, um der Lehrerin nach dem Munde zu reden, wenn es sich praktischerweise ein „zweites Gesicht" zulegte, dann war das kein Ausdruck von Zwiedenken. Das war lediglich Mimikry, die Maske der Verstellung, der Lüge, wie sie heute jeder im Bewerbertraining lernt. Die Täuschung, das Sichverstellen gehören wie selbstverständlich zur heutigen Lebensweise. Was die Mimikry vom Zwiedenken trennt, ist, dass sich die Beteiligten des verlogenen Verfahrens bewusst sind.

Die Konsequenzen zeigten sich 1989. Weil in der DDR eben kein Zwiedenken vorgelegen hatte, führte die Agitation ihrer Bürger ins Leere oder sogar ins Gegenteil des Angestrebten: Die anvisierte Vereinheitlichung trug dazu bei, dass die gesellschaftliche Sehnsucht nach Individualität und Unterscheidbarkeit immer stärker wurde. Tendenzen der Militarisierung sorgten in der gesellschaftlichen Praxis dafür, dass in ihren Endjahren die junge Generation so pazifistisch wie nie zuvor in der deutschen Geschichte war. 1990 trat es ans Licht: Der deutsche Sozialismus hat klar denkende, gut ausgebildete, sich ihrer Interessen sichere Menschen hervorgebracht, die ihn selbst schließlich zu Fall brachten.

Mit dem Orwellschen Zwiedenken hat das nichts zu tun. Dafür müsste man vielmehr heutige Muster von Politik und ihrer Darbietung ins Visier nehmen – man würde auf verblüffende Weise fündig. Das Ergebnis wäre nicht allein, dass gerade das „westliche Denken" anfällig für Zwiedenken ist, sondern sogar, dass dieses Denken schon längst von Zwiedenken zerfressen ist.

Drei auf den ersten Blick absurde Formeln beherrschen in „1984" den Staat: „Ignoranz ist Stärke", „Krieg ist Frieden", „Freiheit ist Sklaverei". So seltsam es klingt: Es ist nicht einmal besonders kompliziert, die Gültigkeit dieser Formeln im heutigen politischen Leben nachzuweisen.

An wem kann es denn vorbeigegangen sein, dass der Überfall auf und die Bombardierung von Jugoslawien und die nachfolgenden Überfalle auf ganze Regionen alles Mögliche sein sollen, aber kein Krieg? Auch der Angriff auf die libysche Armee geht als „Einsätze" durch die Medien – so als würden in den Kampfjets Entwicklungshelfer sitzen. Die Nato – als Verteidigungsbündnis gegründet – stellte sich hier als eine Angriffskoalition heraus. Ihre Aggressionen pries sie als Friedensstiftungen an. Denn Krieg ist Frieden. Mit dem heutigen Zwiedenken treten Barbarei und das Recht des Stärkeren auf den Plan. Als Resonanzboden ist eine junge Generation nötig, die unfähig ist, die Verbrechen des Westens als solche zu erkennen.

Auch in der von Orwell beschriebenen Welt ist kritisches Denken gegenüber der eigenen Seite ausgeschaltet, und es erscheint als völlig natürlicher Vorgang, dass Freunde über Nacht Feinde werden und umgekehrt. Ist uns das fremd? Saddam Hussein, Osama Bin Laden, Ägyptens Diktator Mubarak, Chiles Pinochet – alle waren sie lange Jahre Freunde und Verbündete des Westens. Bekamen dort Waffen, Geld, Auszeichnungen von Politikern überreicht, denen offenbar überhaupt nichts peinlich ist. Frankreich hat Staatschef Gaddafi mit Liebenswürdigkeiten geradezu überhäuft, bevor es ihm seine Kampfjets auf den Hals schickte. Der Mohr wird in die libysche Wüste geschickt, wenn er seine Schuldigkeit getan hat.

Schon zu Erich Fromms Zeiten war Doublethink ein Pfeiler des westlichen Denkens. „Was wird nicht alles unter ›freie Welt‹ verstanden?", fragte Fromm und wies darauf hin, dass die vom Westen ausgehaltenen oder sogar installierten mörderischen Diktaturen wie selbstverständlich den Kreis der „freien Welt" zierten. In Asien, Afrika und Lateinamerika haben die geeichten Mächte der Freiheit in den vergangenen 150 Jahren für Unterdrückung und ein Sklavendasein von Millionen Menschen gesorgt. Geistige Abrundung erfährt dieser Vorgang in der Weigerung, die Verbrechensgeschichte des Westens als solche zu betrachten. Im demokratischen Mutterland USA vertrugen sich Freiheit und Demokratie hundert Jahre lang mit Sklaverei und Völkermord (an den indianischen Ureinwohnern). Wenn die Parole „Freiheit ist Sklaverei" hier nicht gilt, wo gilt sie dann?

Vor einigen Jahren erhob sich in Deutschland ein Sturm der Empörung. In der Stasi-Unterlagenbehörde war ein das DDR-Regime in seiner Menschenfeindlichkeit entlarvendes Dokument aufgefunden worden. Darin wurde erörtert, wie vorzugehen wäre, falls an der bewachten DDR-Grenze ein Kind zu Schaden kommen sollte. Wohlgemerkt: Der Fall war nicht eingetreten, es war darum gegangen, sich geistig auf eine solche Situation einzustellen. Die Tatsache, dass die Amerikaner in Vietnam nicht etwa von Kindermord geredet, sondern tatsächlich eine halbe Million Kinder auf dem Altar der Freiheit geschlachtet haben, trübte das Verhältnis der politischen Kaste Deutschlands zu diesem Staat keine Sekunde. Dass laut dem Kinderhilfswerk der Vereinten Nationen Tag für Tag 40 000 Kinder in den Hinterhöfen der „freien Welt" an Hunger und Unterernährung zugrunde gehen, soll bei der Bewertung dieser Welt keine Rolle spielen. Standhafte Ignoranz ist an dieser Stelle Ehrensache. Denn Ignoranz ist Stärke. Und anders hat es Orwell ja auch nicht gesagt.

Zwiedenken feiert längst Triumphe. Es behauptet in der deutschen politischen Wahrnehmung seinen festen Platz. Doublethink aber ist nicht einfach Lüge. Es weist laut Erich Fromm den Weg in eine Welt von Automaten, ohne eine Spur von Individualität, Liebe oder kritischem Denken. In eine Welt von Kreaturen, die diesen Verlust noch nicht einmal bemerken, geschweige denn unter ihm leiden. Und von Orwells Vermächtnis schrieb Fromm: „Er meint uns auch."

„Tötet sie alle, Gott kennt die Seinen!“

(Rat des Papstgesandten im Albigenserkreuzzug, 13. Jh.)

Die Unwilligkeit zur Versöhnung

Mit ihrem Buch „Die Unfähigkeit zu trauern“ schrieben Alexander und Margarete Mitscherlich in den 60er Jahren einen Bestseller. Bis heute hält in Deutschland die Bewunderung für eine These an, deren Unsinnigkeit mit Händen zu greifen ist und die in einem merkwürdig großen Abstand zur geschichtlichen Wirklichkeit steht. Denn in dieser Wirklichkeit litt die deutsche Nachkriegsgesellschaft niemals an einer „Unfähigkeit zu trauern“. Im Westen offen, im Osten – gezwungenermaßen – heimlich gaben die Deutschen sich schier endlos der Trauer hin – der Trauer jedenfalls über das eigene erlittene Leid. Und wie sie das taten. In völliger Verkennung der Tatsachen ging dieser Buchtitel am eigentlichen Problem vorbei, denn in Deutschland war das große Problem keine Unfähigkeit, sondern vielmehr eine „Unwilligkeit zu trauern“ – die Unwilligkeit nämlich, das Leid zu betrauern, das Deutsche anderen Völkern zugefügt hatten. Dort lagen Defizite, die bis heute nachwirken.

Das Mitscherlich-Buch darf – gerechterweise – nicht auf die Eingangsthese reduziert werden, es ist besser als sein Motto. Aber einmal abgesehen davon: Natürlich sind solche Erfolgsbücher selten Ausdruck des Gemütszustandes ihrer Autoren, aber immer Anzeiger für den Gemütszustand der Gesellschaft, in die sie hineinwirken. Eine Demokratie sichert ihrem Grundverständnis zufolge der Mehrheitsmeinung den Durchbruch – so absonderlich, so falsch und so dumm diese Meinung im Einzelfall auch sein mag.

Es geht bei der heutigen Aufarbeitung nicht in erster Linie um theoretische Fragen, die man so oder so beantworten könnte und deren Beantwortung letztlich vollkommen gleichgültig und für die aktuellen Vorgänge belanglos ist. Wäre es anders, würde sich niemand der Mühe unterziehen, eine solche Apparatur zu errichten, zu betreiben und vor allem: zu bezahlen. Vielmehr sind die Ergebnisse der Aufarbeitung Basis und Grundlage, um mit Menschen ganz praktisch und unmittelbar abzurechnen. Wer der seit 25 Jahren betriebenen „Bewältigung" der DDR und ihrer Anhänger beiwohnt, der gewinnt den Eindruck, dass von einer anderen Unfähigkeit die Rede sein müsste, von der „Unfähigkeit zur Versöhnung" nämlich. Mehrheitsmeinung in Politik, Medien und Gesellschaft ist, dass an dieser Stelle die Versöhnung zu verweigern ist. Im medialen Abbild wird die DDR unablässig auf ihre Negativ-Seiten reduziert und wieder und wieder zur Schlachtbank geführt. Die 50. Wiederkehr des Tages, an dem der Mauerbau begann, hat dieses kampagnenhafte Unternehmen nicht gerade abgeschwächt. Längst greift es auf die Gegenwart über.

In Brandenburg benutzten die Oppositionsparteien CDU, FDP und Grüne ihre politischen Rechte, um 20 Jahre nach der Wende alle öffentlichen Bereiche dem Verdacht auszusetzen, dort würden finstere Stasi-Seilschaften nach wie vor ihr Unwesen treiben. Je geringer die diesbezüglich festgestellte Substanz ist – beispielsweise bei der erneuten Überprüfung von Polizisten –, umso zwanghafter das Schüren einer Atmosphäre der Verunsicherung. Ihr Kennzeichen ist die bewusst eingesetzte Unklarheit, verbunden mit der Selbstverständlichkeit, Beschuldigte ungeschützt vorzuführen. Verbrecher haben in Deutschland Rechte – Menschen, die man der Stasi-Mitarbeit beschuldigt, besitzen diese Rechte offenbar nicht. Die Unschuldsvermutung bleibt regelmäßig auf der Strecke, Beschuldigung ist hier mit moralischer Hinrichtung gleichzusetzen. Sie werden schamlos einer Öffentlichkeit ausgesetzt, die ohnehin durch die Zeitläufe stark verunsichert ist. Diese Atmosphäre nimmt hier und da schon den Charakter einer Pogromstimmung an. Sie hat im September 2010 mit dem Selbstmord einer anonym beschuldigten Frau ihren grausigen Höhepunkt gefunden, die zur Wendezeit nicht einmal 20 Jahre alt gewesen ist. Die brandenburgischen Oppositionsparteien CDU, Grüne und FDP gaben 2010 vor, mit ihrer Enquetekommission zur Aufarbeitung der verbreiteten Politikverdrossenheit entgegenwirken zu wollen. Sie deuteten den Rückgang der Wahlbeteiligung als Reflex auf den „Stasi-Sumpf". Tatsächlich war es die fast vierjährige Tätigkeit dieser Kommission selbst, in deren Gefolge die Beteiligung bei Landtagswahlen auf unter 50 Prozent abstürzte.

Für diese inneren Ausschreitungen, die rechtsstaatlichen Kriterien oft genug nicht standhalten, liefert die Aufarbeitung die Munition. Daher ist sie eben kein auf den wissenschaftlichen Elfenbeinturm eingegrenzter Vorgang. Sie ist Grundlage für den Umgang mit Menschen, sie bietet das geistige Rüstzeug, um endlos mit Menschen abrechnen zu können. Die Aufarbeitung liefert das geistige Fundament des innerdeutschen Versöhnungsverbots.

Diese zweieinhalb Jahrzehnte lang nach dem DDR-Ende von Politikern, Aufarbeitern und Journalisten erzeugte Unnachgiebigkeit wäre nicht einmal dann zu verstehen, wenn die Wende 100 Gulags geschlossen, Dutzende Massengräber dem Vergessen entrissen oder Tausende Tote den Weg zur Freiheit gesäumt hätten. Eine österreichische Studentin, die mich zum Thema Übergang von DDR-Journalisten in die neue Zeit befragt hat und sich drei Wochen in Berlin aufhielt, stand fassungslos vor diesem ideologischen Großmanöver. „Haben die Deutschen keine anderen Themen?"

Offenbar nicht. Reihenweise treten Journalisten und Moderatoren, Filmemacher und Zeitzeugen auf die Bühne, wo sie danach trachten, einander in der demonstrierten Abscheu für die DDR gegenseitig zu überbieten. Zwar wird auf Nachfrage immer noch mehr oder weniger zögernd zugegeben, dass die Verbrechen der Nazis tausendmal schlimmer als die der deutschen Kommunisten waren, doch dass der Verfolgungsdruck gegen die DDR-Funktionäre unverhältnismäßig hoch ist, scheint dazu nicht im Widerspruch zu stehen. Die große Mehrheit von Deutschlands Politikern und Journalisten bildet in dieser Frage eine Einheitsfront: Versöhnung ist im Fall DDR völlig ausgeschlossen, das Wort ist nicht gestattet. Das bekamen die Ministerpräsidenten Matthias Platzeck und Erwin Sellering (beide SPD) zu spüren, die in der Vergangenheit bemüht waren, sich der gradlinigen Einseitigkeit und dem Schwarz-Weiß-Schema in der Betrachtung der jüngsten Geschichte entgegenzustemmen. Platzeck hatte im *Spiegel* einen Aufruf zur Versöhnung gestartet – woraufhin ihm eine Welle des Hasses entgegenschlug, auch bei vielen alten Freunden. Wo außerhalb Deutschlands können Versöhnungsaufrufe solche Ergebnisse zeitigen?

Menschen, die an historischen Parallelen ihre Freude haben, werden eine bezeichnende Kreuzstellung in der politischen Argumentation genießen können: Während in der ehemaligen Bundesrepublik maßgebliche Politiker und Medien schon Anfang der 50er Jahre die Auffassung vertraten, mit der kritischen Betrachtung der Nazizeit müsse doch

„nun endlich einmal Schluss sein", predigen die professionellen DDR-Hasser hingegen den Satz, die Abrechnung mit der DDR müsse endlich einmal beginnen. Wohlgemerkt: Damals sollte etwas beendet werden, was in Wirklichkeit niemals begonnen hat. Dem gegenüber soll heute „endlich" etwas beginnen, was seit den 90er Jahren beständig auf Hochtouren läuft. Denn eine Pfeilerlüge der DDR-Abrechnungsprogramme ist, dass es dabei jahrelange „Lücken" gegeben habe. So als wären die Kampfgruppen zur Abrechnung mit dem SED-Unrecht, die Stasi-Unterlagenbehörde, die *Bild-Zeitung,* der *Spiegel,* die Opferverbände auch nur eine einzige Sekunde in diesen 25 Jahren an irgendetwas gehindert gewesen.

Handelt es sich hier wirklich um eine Unfähigkeit zu vergeben? Eher nicht. Vielmehr: Wie beim Mitscherlich-Beispiel ist es auch hier die Unwilligkeit, die von der Versöhnung abhält.

Bemerkenswert ist das vor allem, weil es in einem bezeichnenden Widerspruch zur sonstigen Praxis in Deutschland steht. Beide deutsche Staaten waren nach Kriegsende mit Erfolg um Versöhnung und Aussöhnung bemüht – die Bundesrepublik vor allem mit Frankreich, mit Israel, später mit Polen und mit Russland. Bedingungslos konnte das nicht sein, und es hätte niemals funktioniert, wenn Deutschlands einstige Feinde ihm endlos seine Verbrechen, die Opfer und vor allem die Todesopfer vorgehalten und vorgerechnet hätten. Das heißt, es hätte niemals und unter keinen Umständen eine Versöhnung gegeben, wenn die einstigen Opfer des NS-Regimes sich zu Deutschland verhalten hätten wie die politisch-professionellen Abrechner heute zur DDR und zu einem Teil der Ostdeutschen. Bedingung für die Nachkriegsversöhnung war, dass die Geschädigten einverstanden waren, die Streitaxt zu begraben. Bedingung dafür war ferner, rhetorisch zurückzuschalten, Trauer und

Wut nicht freien Lauf zu lassen. Würden Deutschlands einstige Feinde die Mentalität der Aufarbeiter besitzen – bis heute dürfte sich kein Deutscher auch nur einen Meter über die Grenze wagen.

Versöhnung zunächst – wie würdig das klingt. Wie menschlich. Versöhnung ist aber mehr; nicht nur Großzügigkeit, sondern auch die Einsicht, dass letztlich und auf Dauer an ihr nichts vorbeiführt. Sie ist auch Realpolitik. Wie hätten sich Japaner und Amerikaner sonst jemals wieder annähern können? Oder wie könnte ein Vietnamese den Amerikanern jemals verzeihen? Angesichts des unfassbaren Blutzolls, der in dem jahrelangen militärischen und ideologischen Kampf erhoben worden war. Ohne Versöhnung hätte sich die Menschheit schon längst – wie Rumpelstilzchen – selbst entzweigerissen.

Welche Glaubwürdigkeit kann vor diesem Hintergrund die Behauptung beanspruchen, man schulde den DDR-Opfern dieses Vorgehen der Gnadenlosigkeit gegen MfS-Mitarbeiter, diese endlose Abrechnung? Es gibt keine. Der Unterschied ist der, dass die im DDR-Auftrag Handelnden heute keine Lobby haben und man nicht gezwungen ist, von ihnen abzulassen. So war es auch schon in der Vergangenheit: In Deutschland steigert sich die Aggressivität, wenn der Gegner schwach ist.

Bei der Aussöhnung, die (West-)Deutschland mit Frankreich oder den Vereinigten Staaten vorangetrieben hat, durften die furchtbaren Verbrechen, welche beide Nationen in dieser Zeit begangen haben, keine Rolle spielen. Welche Untaten die US-Amerikaner seit dem Zweiten Weltkrieg verübten, und wie viele Millionen Menschen die Freiheit der Amerikaner mit Unfreiheit, Leid und Tod bezahlt haben, wie das Land sich in schlimmsten rassistischen Exzessen gefiel, das alles ist ja dem einen oder anderen noch gegenwärtig. Niemals ist das im Versöhnungsprozess ein

Problem gewesen. Traditionsfreund Frankreich ermordete in seinen Kolonialkriegen wie bereits beschrieben Millionen von Menschen. Als sich die Bundesrepublik mit Frankreich aussöhnte, war die Grande Nation eine metzelnde Nation. Und doch störte das die Aussöhnung nicht. Welcher, wenn nicht dieser Gedanke stand bei diesem Unternehmen Pate: Wir haben bis 1945 Verbrechen begangen – ihr begeht sie heute. Eine Krähe hackt bekanntlich der andern kein Auge aus.

Dagegen ist im Falle der DDR kein Argument, dass doch die Auseinandersetzung mit ihr und in ihr – verglichen mit den grundlegenden Tendenzen der damaligen Welt – mit geringerem Leidensdruck und mehr oder weniger friedlich ausgetragen worden ist.

Während beim äußeren Feind tausendjährige Gegnerschaft und unfassbar gewaltige Verbrechen kein Hinderungsgrund für Versöhnung gewesen sind, gilt das im Inneren des Landes nicht. Und die Tatsache, dass die Konflikte inzwischen eine Generation zurückliegen, ist eher Anlass, den Schwung bei der Abrechnung noch zu erhöhen.

Die Liste von Gründen für die Irrationalität des Unterfangens lässt sich noch verlängern. Denn trotz der zweifellos aufzählbaren negativen oder auch verbrecherischen Seiten der DDR hielten sich ihre Vergehen doch in einem Rahmen, der sie durchaus positiv heraushebt aus der Gruppe der sozialistischen Staaten. Die DDR hatte keine Bürgerkriege wie Ungarn, Polen oder die Tschechoslowakei, keine antijüdischen Schauprozesse, keine Militäreinsätze im Ausland wie ihre „Bruderländer". Und doch trägt allein die DDR den Mühlstein des Unrechtsstaatvorwurfs.

Wenn dieser Kurs der Abrechnung beibehalten wird, dann nicht, weil jemand allen Ernstes behaupten könnte, dass es sich bei der „Zielgruppe" um Menschen handelt, die eine Gefahr für die Demokratie oder demokratische

Prozesse darstellen. Wenn ein Argument sein soll, dass den Menschen, die vor 22 oder 30 oder 40 Jahren Opfer der DDR waren, solche Beamten oder Richter nicht vermittelbar seien, dann ohne einen einzigen Beweis dafür aufzubieten, dass die Beschuldigten den einstigen Opfern irgendwo im Wege gestanden hätten. Vielmehr handelt es sich bei den heute am Pranger Stehenden um Menschen, die sich nach der Wende als treue Diener der Demokratie erweisen wollten und erwiesen haben. Sie machten im Rechtsstaat Karriere, weil sie sich seine Prinzipien zu eigen machten und verteidigten.

Tatsächlich war Deutschland bei der Herstellung des inneren Friedens schon einmal weiter. In welche Verdrehtheit sich unser Land hineinsteigert, wird sichtbar, wenn man die Schriften der Bundeszentrale für politische Bildung betrachtet, die Ende der 80er Jahre zum Thema DDR herausgegeben worden sind. Unaufgeregt und prinzipienfest sind dort die DDR, ihre Herkunft, ihre Wirkungsweise, ihre Nachteile und ihre Vorteile in treffender Weise beleuchtet und dargelegt worden. Und natürlich wurde die Rolle des Ministeriums für Staatssicherheit dabei nicht vergessen.

Diese nüchterne Betrachtungsweise ist Politikern wie Klaus Wowereit offenbar fremd, der im Berliner Wahlkampf einmal mehr bebend das Schreckensszenario vom „Unrechtsstaat" beschwor. Weshalb wurden mit dem Abschluss der juristischen Aufarbeitung von DDR-Unrecht – eines flächendeckenden, tiefgreifenden, aufwendigen Prozesses – die Verfolgungen nicht ein- und der Landesfrieden hergestellt? Was danach noch blieb und bis heute bleibt, sind Verfolgungen, die auf rein moralischer und keineswegs juristischer Grundlage erfolgen. Inwiefern aber kann moralische Verurteilung Grundlage von Verfolgung und Berufsverbot sein? Warum finden sich keine Richter, die hier dem Rechtsstaat Geltung verschaffen? Denn diese endlose Verweigerung von

Begnadigung, von Barmherzigkeit, von rechtsstaatlicher Lauterkeit trägt das Gesicht der Barbarei.

Egon Bahr: „Wir versöhnen uns eher mit unseren Nachbarn als mit uns selbst“

Angesichts der Tatsache, dass die Art und Weise der Aufarbeitung, wie sie in Deutschland vor sich geht, Politik prägt, politisches Handeln bestimmt und eine Versöhnung konsequent unterbindet, haben sich auch andere Prominente kritisch mit diesen Vorgängen auseinandergesetzt. Ein großer Staatsmann der deutschen Nachkriegspolitik, der im Sommer 2015 verstorbene SPD-Politiker Egon Bahr, unterzog in seiner Rede zum 75. Geburtstag des früheren brandenburgischen Ministerpräsidenten Manfred Stolpe in Potsdam die 20-jährige Tätigkeit der Stasi-Unterlagenbehörde einer vernichtenden Kritik.

So ist das Ausbleiben der inneren Einheit Deutschlands nach Auffassung Bahrs auch dem Wirken dieser Behörde geschuldet. Bei der Festveranstaltung sagte er: „Wir versöhnen uns eher mit unseren Nachbarn als mit uns selbst.“

Die Öffnung der Stasi-Akten in der praktizierten Form und die dabei durchgehaltene „penetrante Einseitigkeit“ hätten einen Anteil daran, dass die innere Einheit bislang nicht zustande kam, unterstrich Bahr. Und den habe die Behörde „zweifellos zu verantworten“. Nach der Wende sei die „Stasi-Rache“ gekommen und habe die vorhandene Solidarität ausgehöhlt.

„Die Stasi-Behörde kann keine Gerechtigkeit schaffen“, rief Bahr. Schon gar nicht, weil die wichtigsten Akten vor dem Sturm auf die Normannenstraße 1990 vernichtet worden seien. „Ich hätte gern gewusst, welche Trojanischen Pferdchen Markus Wolf in die Bundesrepublik tragen ließ.“

So aber seien allein jene Aktenreste zur Auswertung geblieben, die die Ostdeutschen betrafen. Ein sinnvolles Urteil sei nicht möglich, „solange BND und andere Geheimdienste ihre Akten verschlossen halten".

Vor dem Hintergrund, dass bei der Abrechnung mit DDR-Anhängern Rechtsstaatlichkeit immer mehr beiseite geschoben wird, verteidigte Bahr den Rechtsstaat gegen ein bekanntes Bärbel-Bohley-Wort. Ihm zufolge „kann die Demokratie kaum etwas Besseres als den Rechtsstaat bieten".

Hart kritisierte Bahr den Plan des Behördenleiters Roland Jahn, 48 einstige MfS-Mitarbeiter aus Gründen der „Sensibilität" aus der Behörde entfernen zu lassen. „Das stempelt Menschen ab. Und es stempelt die Behörden, in die sie versetzt werden sollen, als unsensibel ab." Jahns Äußerungen würden wie eine Ankündigung klingen, „die Aufarbeitung auch über 2019 hinaus fortzusetzen", tadelte der SPD-Politiker. Mit Verweis auf die deutsch-französische und die deutsch-polnische Vergangenheit sagte er: „Versöhnen ohne Vergessen ist möglich. Ob das auch die Behörde akzeptieren kann?"

Die Herstellung der inneren Einheit „verlangt von den Opfern die Bereitschaft zur Versöhnung", mahnte Bahr. Gegen Manfred Stolpe sei eine „beschämende und verletzende Kampagne" gestartet worden. Ihm werde eine intensive Stasi-Zuträgerei vorgeworfen. Stolpe hatte sich kurz nach der Wende als Ministerpräsident drei Jahre lang vor einem Landtags-Untersuchungsausschuss wegen seiner langjährigen Stasi-Kontakte zu verantworten. Mithilfe der damaligen PDS wurde er mehrheitlich vom Vorwurf des schuldhaften Verhaltens freigesprochen. Dagegen sagte Bahr als einstiger Verhandlungspartner Stolpes in jenen Zeiten an den Jubilar gewandt: „Wir erwarteten, dass du in Berlin unverfälscht berichtetest."

Im Hinblick auf die Art und Weise der politischen Vereinigung Deutschlands wäre laut Bahr nach 1990 ein „Akt der Amnestie“ angezeigt gewesen, der alles außer schwere Kriminalität hätte erfassen müssen. Dieser Plan sei daran gescheitert, dass sich CDU, SPD und FDP nicht hatten einigen können – „aber nicht an Helmut Kohl“. Bahr zitierte das für ihn vorbildliche Wort polnischer Bischöfe: „Wir vergeben und wir bitten um Vergebung.

„Die Totenerweckung in jenen Revolutionen diente also dazu [...] den Geist der Revolution wiederzufinden, nicht ihr Gespenst wieder umgehen zu machen.“

(Karl Marx, „Der achtzehnte Brumaire des Louis Bonaparte“)

Es lebe der kleine Unterschied

Wie gesehen, hat die Aufarbeitung im heutigen Stile im Grunde nichts mehr mit dem Vorgang zu tun, der laut Duden unter diesem Begriff stattfinden müsste. Wie aber schneidet sie ab im Vergleich zu den Pfeilern, zwischen denen sie sich bewegt – also zwischen Adornos Verständnis der Aufarbeitung und der Zunft der Historiker, der die Aufarbeiter theoretisch nahestehen müssten?

Was trennt Adornos Aufarbeitung von der zeitgenössischen?

Von Adorno haben die Aufarbeiter ihre Selbstbeschreibung übernommen, doch gilt das auch für sein Anliegen?

Adorno legte sich mit den Mächtigen seiner Zeit an. Hier sprach einer, der nichts als seine Stimme und die Autorität des integeren Wissenschaftlers hatte. Im Gegensatz dazu sind die Aufarbeiter von heute Teil der Macht, deren

Geschäft sie besorgen. Und sie wählen sich zum Ziel, um nicht zu sagen zum Opfer, die Machtlosen, Stigmatisierten, am Boden Liegenden.

Adornos Konzept führt von unten nach oben, es trat an gegen die herrschende Auffassung. Die Aufarbeiter führen heute einen staatlich und institutionell abgesicherten und finanzierten Schlag von oben nach unten. Sie repräsentieren die herrschende Auffassung.

Adornos Anliegen war es, Tabus aufzubrechen, Verschwiegenes öffentlich zu machen. Die Aufarbeiter dagegen schaffen Tabus und verschweigen, was ihnen nicht ins Konzept passt. Adorno hat „versteinerte Verhältnisse zum tanzen gebracht“, um es mit den Worten von Karl Marx zu sagen. Objektiv ist es das Anliegen der Aufarbeiter, eine neue Versteinerung herzustellen, den Zement dafür zu liefern.

Adorno macht auf entscheidende Seiten der historischen Wirklichkeit aufmerksam, denen in der deutschen Demokratie keine Gerechtigkeit widerfuhr, ja, denen kaum Beachtung geschenkt wurde. Offensichtliches Anliegen der Aufarbeiter ist es, entscheidende Seiten der historischen Wirklichkeit vergessen zu machen, nämlich all jene, die ihren Thesen widersprechen.

Adorno wurde in seinem Anliegen von der DDR unterstützt, ihre historische Wissenschaft benannte, was die westdeutsche Gesellschaft vor sich selbst verbarg. Der von Adorno hervorgehobene Zusammenhang von Kapitalismus und Faschismus bildet den geistigen Kern seiner Schrift „Was bedeutet: Aufarbeitung der Vergangenheit“, während die Aufarbeiter diesem Vorgang keinerlei Raum geben. Sollte man sagen, dass ihnen nichts fremder wäre?

Adornos Konzept war eine wichtige Bereicherung der gesellschaftlichen Debatte, die heutigen Aufarbeiter hingegen zielen auf eine Verarmung der Debatte, eine Reduzierung auf die ihnen genehmen Themen und Blickwinkel.

Adorno macht Zusammenhänge deutlich, er bemüht sich um das Verständnis dieser Zusammenhänge, während die Aufarbeiter im Streben, entscheidende Momente der damaligen Entwicklung auszublenden, in vielen Bereichen einfach nur Rätsel zurücklassen.

Adorno brachte zur Sprache und deckte auf, was jahre- oder jahrzehntelang verschwiegen worden war. Die Aufarbeiter decken in alarmistischer Grundhaltung auf und bringen aufgeregt zur Sprache, was zu keinem Zeitpunkt verschwiegen worden ist. Denn sind die problematischen Seiten der DDR (bzw. des Ostens insgesamt) im Westen jemals verschwiegen worden? Die Osteuropaforschung der Bundesrepublik hat sich seit 1949 mit gar nichts anderem befasst. Seit 1990 findet die Darstellung der DDR praktisch ausschließlich unter dem Blickwinkel ihrer negativen Seiten statt. In einem rationalen Sinne nötig war das nicht, denn niemals hat es ein Verschweigen der Verbrechen in den sozialistischen Staaten gegeben, via Funk und Fernsehen waren sie auch vor der politischen Wende im Osten präsent. Ganz zu schweigen von der schamlosen Einseitigkeit, mit der verfahren wird, seit die DDR zum Verstummen gebracht worden ist. Verstehen kann das nur derjenige, der sich die Wut darüber vor Augen hält, dass die DDR dem Westen andererseits beständig den Spiegel vorhielt. Die Erleichterung darüber, dass diese Quelle des Widerspruchs und unerwünschter Information nun versiegt ist, und der Ärger darüber, dass diese Aufklärungswirkung gleichwohl immer noch zu spüren ist, prägen die zeitgenössische Aufarbeitung. Die Behauptung, etwas Neues zu präsentieren, eine Entdeckung geleistet zu haben, ist unerlässlich. Aber: Nicht erst nach Öffnung der DDR-Archive, auch davor schon boten die vielfältigen Verbindungen zwischen DDR und Bundesrepublik die Gewähr dafür, dass nichts von Substanz verschwiegen werden konnte. Die Annahme, es gäbe in diesem

Zusammenhang Dinge, die dem Vergessen entrissen werden müssten, ist eine zutiefst irrationale. Es ist aber eine Grundannahme der zeitgenössischen Aufarbeitung.

Somit ist unbestreitbar: Obwohl Adorno und die heutigen Brigaden der Rechtgläubigkeit den Begriff Aufarbeitung gleichermaßen verwenden, verstehen sie jeweils etwas ganz anderes darunter. Genauer gesagt: Der Unterschied könnte kaum größer sein. Hier wurde nach 1990 eine Vokabel übernommen, ihr aber eine gänzlich andere Bedeutung gegeben. Was sich heute unter dem Schlagwort Aufarbeitung vollzieht, hat mit Adornos Anliegen nichts zu tun. Der fand sich eher in dem wieder, was die DDR vertrat. Die heutige, tief gestaffelte Meinungskonfektion steht nicht in Adornos Tradition, sondern stellt einen Verrat an seinem Anliegen dar – ob es den Protagonisten nun bewusst ist oder nicht.

Adorno hat die Ehre der historischen Wissenschaft hochgehalten. Was die Aufarbeiter dieser Wissenschaft antun, folgt sogleich.

Der Aufarbeiter ist die propagandistische Ausgabe des Historikers

Was wäre nach der politischen Wende und der Herstellung der staatlichen Einheit 1990 der historische Normalfall gewesen? Der Prozess der gegebenenfalls strafrechtlichen Bewältigung wäre erfolgt, nach dessen Abschluss wäre das Thema DDR Historikern und Journalisten überlassen worden. Deutschland leistet sich unendlich viele Lehrstühle, die Geschichte ausgiebig, vielfältig und kontrovers diskutieren, es leistet sich auf Kosten der Gebührenzahler diverse öffentliche Sender, die dem Thema Raum geben könnten und ihm Raum geben. Und im Übrigen kann jeder Mensch zu einem historischen Thema denken, was er will. Das aber gilt und genügt im DDR-Fall offensichtlich nicht. Hier wurde den Historikern die Maschinerie der Aufarbeiter zur Seite gestellt. Aber warum? Was leistet der Aufarbeiter, was der Historiker nicht leistet?

Die Gegebenheiten erlauben eine Gegenüberstellung der Tätigkeit des Historikers und der des Aufarbeiters. Sie fordern geradezu, sich den Abstand zwischen beiden bewusst zu machen. Erst dadurch kann der Vorgang in Gänze verstanden werden. Die Hauptunterschiede bestehen in der gesellschaftlichen Rolle und im geistigen Grundansatz: Im Unterschied zum Historiker besitzt der Aufarbeiter eine politische und ideologische Funktion. Die Aufarbeitung operiert in einem ideologischen Kraftfeld, sie ist nicht zweckfrei, sie liefert die geistige Grundlage für praktisches Handeln. Hier leistet der Aufarbeiter, was der Historiker nicht leisten will und darf.

In der Tat: Sowohl bei den Historikern als auch bei den Aufarbeitern gibt es kluge und weniger kluge, gebildete und weniger gebildete, intelligente und weniger intelligente Individuen. Es gibt gelungene und weniger gelungene Arbeitsergebnisse. Beider Feld ist die Geschichte. Während aber Historiker die gesamte Menschheit in den Blick nehmen und die DDR dabei ein Teilaspekt ist, sind Aufarbeiter auf die DDR und – gegebenenfalls – die sozialistische Staatengemeinschaft beschränkt. Bestenfalls setzen sie noch „Diktaturen" hinzu. Sie schneiden ihren Visitationsgegenstand gleichsam heraus. Die erheblichen Zusammenhänge mit der die DDR umgebenden Welt auszublenden gehört zu den wichtigsten Arbeitsprinzipien der Aufarbeitung. Auch die Zeit nach 1990 nimmt der Aufarbeiter einzig unter dem Aspekt wahr, ob der Umgang mit der DDR ein „richtiger" ist. Er selbst ist natürlich derjenige, der festlegt, was als „richtig" zu gelten hat.

Beide, der Historiker wie der Aufarbeiter, messen sich zu, die Arbeit des Historikers zu leisten. Und auch dies stimmt: Der Aufarbeiter nutzt Mittel, derer sich auch die historische Wissenschaft bedient. Der Aufarbeiter möchte sich als Historiker herausputzen, sein schönster Lohn wäre es, wollte die historische Wissenschaft ihn als einen der Ihren betrachten und adeln. Das kann aber ebensowenig gelingen, wie es dem Agitator gelingen kann, als Wissenschaftler anerkannt zu werden. Mag er so viel mit „Wissenschaft" um sich werfen, wie er will.

Warum ist das so?

Der entscheidende Unterschied, aus dem sich alle übrigen ableiten, liegt im geistigen Grundverständnis. Der Historiker, zumindest wenn er diese Bezeichnung verdient, arbeitet ohne Scheuklappen und vorurteilsfrei, er wird einen geschichtlichen Gegenstand umfassend betrachten und seine Schlussfolgerungen ziehen. Er wird also im wahrsten Sinne des Wortes „aufarbeiten".

Die Sache des Historikers ist die Geschichte in ihrer Komplexität. Der Historiker behandelt seine Adressaten als mündig, er sucht offen Antworten auf geschichtliche Fragen und nimmt einen geschichtlichen Gegenstand ganzheitlich wahr. Er lässt den offenen Blick schweifen, er bewahrt sich für seinen Gegenstand und seine eigene Auffassung eine kritische Dimension. Im Grunde gilt für den achtbaren Teil der Historiker der Marxsche Grundsatz „an allem zweifeln". Der Historiker fördert den Austausch mit anderen Meinungen, weil das ihn selbst in seiner Rolle besser macht. Er arbeitet wissenschaftlich, Vertreter anderer Auffassungen sind deswegen für ihn keine Feinde. Der Historiker ist für Überraschungen gut und zögert beim Einsatz eines Gut-Böse-Schemas. Er lässt den Vergleich als Methode zu. Der Historiker erklärt, was – seiner Meinung nach – die Geschichte zu sagen hat. Der Historiker weiß, um ein Beispiel zu wählen, dass die dunklen Seiten der DDR im Kontext zu den Verbrechen des Westens im gleichen Zeitraum betrachtet werden müssen, wenn man sie sinnvoll bewerten will.

In den entscheidenden Parametern dagegen völlig anders: der Aufarbeiter. Vorurteil und bewusste Einseitigkeit sind seine wichtigsten Merkmale, Ausgewogenheit ist sein Anliegen gerade nicht. Die Sache des Historikers ist die Geschichte, die Sache des Aufarbeiters ist dem Kern nach die Geschichtspropaganda. Der Aufarbeiter behandelt seine Empfänger wie die Reklame den Kunden.

Natürlich hat der Aufarbeiter nicht mit allem unrecht, was er anführt. (Sehr selten haben Reklame und Agitation in allem unrecht, was sie vermitteln.) Aber der Vorgang Aufarbeitung verbürgt, dass die Dinge, die seinen Thesen widersprechen, bei ihm offensiv unterdrückt werden. Mithin erhebt er die Unsachlichkeit zur Tugend. Sache des Aufarbeiters ist es weniger, unerklärte Zusammenhänge und Sachverhalte zu erklären, er vervollständigt vielmehr ein Sündenregister. Dinge, die seinem Denkschema widersprechen, nimmt er absichtlich nicht zur Kenntnis, Fragestellungen, die nicht in seinen Grundannahmen wurzeln, geht er nicht nach, und wenn andere Menschen dies tun, ordnet er sie seinem Feindbild zu, statt darauf einzugehen. Der Aufarbeiter hat nicht in erster Linie ein wissenschaftliches Ziel, sondern ein ideologisches. Er will ein Weltbild verbindlich machen. Er gesteht nur jenen eine „richtige" Meinung zu, die sich seiner Einseitigkeit angeschlossen haben – eine Einseitigkeit, die bis zur Lächerlichkeit reicht. Er ist das, was Lenin „Ingenieur der Seele" nannte. Von allen historischen Figuren ist ihm der Agitator am nächsten. Der verfügt auch über ein künstliches geistiges Schema, einen Katechismus, und wähnt sich berechtigt, sein Weltbild der Umwelt überzustülpen.

Der Aufarbeiter sucht nicht offen Antworten auf geschichtliche Fragen, er sucht Belege für feststehende Urteile.

Den geschichtlichen Gegenstand betrachtet er prinzipiell selektiv.

Der Aufarbeiter lässt nur seine Meinung und die seiner Gesinnungsgenossen gelten, weil alles andere ihn schwächer macht. Der Aufarbeiter arbeitet marktschreierisch, er erklärt ausschließlich, was sein Katechismus zu sagen hat. Der Einsatz eines Gut-Böse-Schemas ist für den Aufarbeiter das Lebenselixier.

Der Aufarbeiter scheut die vergleichende Betrachtung, denn damit entzöge er sich in letzter Konsequenz selbst die Existenzberechtigung. Im Bereich der Aufarbeitung gibt es an den Grundthesen keinerlei Zweifel, hier ist der Tunnelblick Eintrittskarte, Konvention und Karrierevoraussetzung in einem.

Sicher, man sollte auch vorsichtig sein bei der Idealisierung des Historikers. Klio, die Muse der Geschichtsschreibung, war immer eine Hure, das wusste schon Kurt Tucholsky. Und am Ende ist natürlich jede Geschichtsbetrachtung an irgendeinem Punkt interessengelenkt und alle „Objektivität" für die Katz. Doch wahrt die Gruppe der Historiker dabei eine sachliche Form, die Einfluss auf den Charakter der vermittelten Inhalte hat und die der Aufarbeitung völlig fremd ist.

Die Vertreter der Aufarbeitung sind sich zum Teil ihrer argumentativen Schwäche bewusst. Deshalb ersetzten sie Erkenntnis durch Alarmismus, sie inszenieren sich beständig in der Rolle des Angegriffenen oder auch des letzten Verteidigers des Guten, Schönen und Idealen gegen dunkle Mächte. Denn sie wissen: Es kommt heutzutage nicht darauf an, recht zu haben. Es kommt darauf an, die Macht zu haben, die eigene Auffassung verbindlich zu machen und die Kontrolle über die Leitmedien auszuüben. In diesem Bewusstsein sind sie besser in wissenschaftsfremde Bereiche, wie meinungsgebende Medien und die geldgebende Politik, vernetzt als alle Historiker Deutschlands zusammen. Die Politik muss sich dafür nicht weiter verbiegen, den politischen Parteien steht der Agitator ohnehin näher als der Wissenschaftler. Sie schätzen weniger wissenschaftliche Sachlichkeit als vielmehr das professorale Mietmaul. Das sichert dem Aufarbeitungsvorgang Geld in Hülle und Fülle.

Der Leiter des Instituts für zeitgenössische Forschung Potsdam, Professor Martin Sabrow, seinerseits nicht unvertraut mit den Aufarbeitern, worauf im übernächsten Kapitel noch einzugehen ist, verfasste vor einiger Zeit für den *Spiegel* einen interessanten Nachruf auf den DDR-Staatschef Erich Honecker. Das war keine hasserfüllte Abrechnung, sondern eine „kritische Würdigung". Sabrow ging der Frage nach, wie es Honecker gelingen konnte, eine vergleichsweise unaufgeregte Entwicklung in der DDR 40 Jahre lang in verschiedenen Führungspositionen durchzuhalten. Das war eine Darstellung, in der sich die Aufarbeitung beim besten Willen nicht wiederfinden konnte. Der Vorgang zeigt: Der Historiker ist gefährlich, weil er unberechenbar ist. Denn es ist nicht ausgeschlossen, dass er zu Ergebnissen gelangt, die den Mächtigen nicht gelegen kommen, dass er das politisch Unerwünschte zutage fördert. Das kann dem Aufarbeiter nicht passieren, er ist politisch von Nutzen, weil er die Mächtigen verlässlich bestätigt. In dieser Rolle und Berufsauffassung ist er arretiert.

Um auf die Ausstellung in Hohenschönhausen zurückzukommen: Wovon abstrahiert sie? Davon, dass der Osten Deutschlands nach 1945 ein Tummelplatz der Geheimdienste war, dass gegen die DDR spioniert und intrigiert wurde, was das Zeug hielt. Die Verantwortlichen für diese Gedenkstätte beachten nicht, dass kein Staat der Welt feindlichen Geheimdiensten stärker ausgesetzt war als die DDR und dass sie durch Sabotage, Verrat u. Ä. einen enormen volkswirtschaftlichen Schaden erlitt. Dass sie sich auch mit geheimdienstlichen Mitteln dagegen zur Wehr setzen musste, ist dieser Ausstellung keine umfassende Darstellung wert. Und dass es vollkommen absurd wäre, von der DDR zu verlangen, dass sie dies nicht hätte tun sollen, spielt in der dortigen Darstellung nicht die geringste Rolle. Weil er sich dieser entscheidenden Seite der geschichtlichen Wirklichkeit verweigert, sichert Direktor Hubertus Knabe die weitgehende Bedeutungslosigkeit Hohenschönhausens für Historiker, während es für die Aufarbeiter der heilige Berg, ihr Mekka, ihr Jerusalem, ihr Lenin-Mausoleum ist. So verstanden entwertet die Aufarbeitung auch jenen Teil ihrer eigenen Arbeitsergebnisse, der sonst tatsächlich Beachtung verdienen würde.

„Nichts, was auf der Welt sich findet,
ist so schlecht, dass die Welt nicht
einen besonderen Nutzen daraus ziehe [...]"
(Shakespeare, „Romeo und Julia")

Ein Steinbruch guter Ideen – wo die Bundesrepublik sich die DDR zum Vorbild nahm

Als die damalige Bundeswissenschaftsministerin Annette Schavan (CDU) vor einigen Jahren ihre neueste Errungenschaft pries, das nunmehr eingeführte Leistungsstipendium, hielt sie es für erwähnenswert, dass dieses Instrument „erstmals" an deutschen Hochschulen zum Einsatz gelange.

Das ist einer jener Sätze, mit denen man sich in Ostdeutschland blamiert. Frau Schavan hätte einfach mal mit ihrer Chefin Angela Merkel reden sollen; die Trägerin der Lessing-Medaille hätte ihr etwas zum Thema Leistungsstipendium zu DDR-Zeiten erzählen können. Dieses Stipendium aber ist mehr, es ist das vorerst letzte Glied in einer beeindruckenden Kette von Beispielen, in denen die Bundesrepublik jene Auffassungen, Grundsätze und Formenelemente, Regeln und Gepflogenheiten übernahm, die in der DDR entwickelt bzw. in ihr praktiziert worden sind.

Ungeachtet aller Repression, weltanschaulicher Einseitigkeit, offenkundiger Ablehnung der Demokratie in ihrer westlichen Ausformung und dem Verrammeln der Türen Richtung Westen galt für die DDR auch dies: Sie hat jede Menge Türen aufgestoßen, durch welche die Bundesrepublik viel später ebenfalls schlich. Nicht nur auf das Leistungsstipendium trifft zu: Der „Unrechtsstaat" dient bis heute als Steinbruch guter Ideen. Deutschland bereitet sich angesichts seines Bildungs- und Fachkräftenotstands darauf vor, einen Bildungsgang „Beruf mit Abitur" wieder einzuführen – eine DDR-Erfindung reinsten Wassers.

Doch betrachte man erst einmal grundlegende politische Fragestellungen: Etwa die Anerkennung der Oder-Neiße-Grenze als verbindliche deutsche Ostgrenze. Hier handelt es sich um einen entscheidenden und sehr symbolträchtigen Punkt. Was 1950 einer der ersten diplomatischen Akte der DDR war, das war 1990 einer der letzten der alten Bundesrepublik: eine identische staatspolitische Handlung mit vierzigjähriger Verzögerung.

Die Annäherung an oder Übernahme von DDR-Positionen durch die Bundesrepublik erfolgte daneben vor allem auf Feldern, die tief in das praktische Leben der Bevölkerung eingriffen. Ausdruck dafür war der inzwischen wieder medial ausgiebig gefeierte 100. Internationale Frauentag. Seltsam: 20 Jahre lang ist dieser Frauentag als Ostfolklore und zu belächelndes DDR-Relikt behandelt und abgetan worden. Warum eigentlich? Vielleicht, weil der östlich gelegene Staat im Punkt Frauenrechte der Bundesrepublik nun wirklich Epochen voraus gewesen ist? Mit dem erklärten Grundsatz „gleicher Lohn für gleiche Arbeit" kam die DDR zur Welt. Bis heute müht sich die BRD vergeblich, hier halbwegs gerechte Verhältnisse herzustellen. Die rechtliche Gleichstellung von Mann und Frau in der Ehe galt in der DDR von Anfang an, in der Bundesrepublik war es bis

1976 Gesetz, dass ein Mann seiner Frau die Berufstätigkeit verbieten konnte. Ehe – das bedeutete in der BRD 30 Jahre lang Unterwerfung und Entrechtung der Frau – vor allem in finanzieller Hinsicht. Wenn sie ein Konto eröffnen wollte, musste das Einverständnis des Ehemanns dazu vorliegen. Die DDR hat noch unter Justizministerin Hilde Benjamin das Schuldprinzip bei der Ehescheidung durch das Zerrüttungsprinzip ersetzt – eine Generation später fand auch die Bundesrepublik sich bereit, hier zu entrümpeln. Ministerin Benjamin erklärte es unumwunden: „Das Recht, das wir schaffen, muss das Recht der berufstätigen Frau sein."

Das überkommene, von den Nazis lange hochgehaltene Ideal vom alleinverdienenden, allmächtigen männlichen Familienführer verlor irgendwann auch in der Muffigkeit des Adenauer-Staates seinen Glanz. Die berufstätige Frau und ihre Ansprüche haben sich inzwischen – mit den bekannten Verzögerungen gegenüber dem sozialistischen deutschen Staat – auch in ihr durchgesetzt.

Homosexualität: Auch hier ging die DDR voran. Im Gegensatz zur BRD setzte die DDR schon 1957 die strenge Auslegung des Paragrafen 175 aus. Seit diesem Jahr wurden homosexuelle Handlungen zwischen Männern kaum noch bestraft. 1968 wurde der Paragraf mit der Einführung des neuen Strafgesetzbuchs der DDR gestrichen (allerdings eine neue Regelung zur Strafbarkeit von homosexuellen Handlungen an Jugendlichen aufgenommen). 1969 wurde die teilweise Legalisierung auch in der Bundesrepublik erreicht und deren Paragraf 175 zum ersten Mal geändert. Homosexualität unter erwachsenen Männern über 21 war danach keine Straftat mehr.

Einen ganzen Blumenstrauß von politischen, geistigen und gesellschaftlichen Positionen hat die Bundesrepublik von der verachteten und gehassten DDR übernommen bzw.

sich auf Standpunkte besonnen, welche die DDR weit früher eingenommen hatte.

Die niederträchtige Benachteiligung unehelich geborener Kinder im Erbrecht wurde in der DDR abgeschafft – in der Bundesrepublik lebte sie noch über die Jahrtausendwende hinaus fort. Die Prügelstrafe in der Schule war schon in der Sowjetischen Besatzungszone, und zwar von Anfang an, verboten – in der Bundesrepublik wurden diesbezüglich die letzten Reste 1980 beseitigt. Überhaupt – das Schulwesen! Ein glasklarer Atavismus. Von Staatsbürgerkunde und Wehrerziehung abgesehen, gibt es an den brandenburgischen Schulen alle DDR-Formenelemente wieder, die 1990 von Bildungsministerin Marianne Birthler mit großem Schwung auf den Müllhaufen der Geschichte geworfen wurden: Leistungsforderung, Verhaltensbewertung, Erziehungsauftrag der Schule, Abschlussprüfungen und „sinnvolle Freizeitgestaltung" am Nachmittag.

Dass man Kindern ein warmes Schulessen anbietet, war in der DDR selbstverständlich. In Ostdeutschland ist das nach der Wende so geblieben, und im Westen bequemte man sich auch so nach und nach zu diesem Schritt. Ein flächendeckendes System von Kinderkrippen und -gärten entstand nach der Wende nun auch im Westteil der Bundesrepublik. 50 Jahre, nachdem die DDR das initiiert hat.

Die heute alles beherrschende Abrechnung mit der DDR reduziert ihre Hochschulpolitik auf den Aspekt, sie habe – politisch motiviert – einem Teil der jungen Menschen den Zugang zur akademischen Bildung verwehrt. Das ist nicht falsch. Zur ganzen Wahrheit gehört aber, dass die DDR konsequent jenen Schichten die Türen zur höheren Bildung öffnete, denen das bislang unmöglich war. Das musste auf Kosten der traditionell Privilegierten gehen, anders war es angesichts begrenzter Kapazitäten nicht möglich – aber was ist an diesem Vorgang so verwerflich? Die Bundesrepublik zog im Übrigen nach und entwickelte – wenn auch viele Jahre später – diesbezüglich ebenfalls ein Gewissen. Das Bafög sollte auch Jugendlichen aus traditionell „bildungsfernen“ oder jedenfalls ärmeren Elternhäusern das Studium ermöglichen. Allen Studierenden ein Stipendium zu gewähren, das sie vom Elternhaus finanziell unabhängig macht und ihnen die Befriedigung der Grundbedürfnisse (eingeschlossen Kneipe, Bücher, Kino und Reise) ermöglicht, wie die DDR es nach 1970 tat, lag und liegt allerdings nach wie vor außerhalb der bundesdeutschen Vorstellungskraft. Genauso wie die Verpflichtung eines jeden Arbeitgebers, für ein warmes Wahl-Mittagessen seiner Beschäftigen zu sorgen (DDR-Recht), ja wie ein Arbeitsgesetzbuch überhaupt, das es in der DDR gab, in der Bundesrepublik aber bis heute nicht gibt. Die Vorbildrolle der DDR verfing wirklich nicht immer: Die Bundesrepublik behielt als Nationalhymne ein Lied bei, das die Begleitmusik zur Ermordung von sechs Millionen Juden gewesen ist. Die DDR ließ sich vor diesem Hintergrund ein neues, ein besseres Lied komponieren – übrigens von einem Juden.

Verweilen wir beim Blick auf die jüngste Vergangenheit, auf die deutschen Faschisten und ihre willigen Vollstrecker, die nach dem Krieg hordenweise, oder sagen wir besser staffelweise hohe und höchste Entscheidungspositionen des Bonner Staates stürmten. Die Bundesregierung verfuhr – mit Billigung eines Großteils der demokratischen Gesellschaft – nach der Regel „den Opfern die Denkmäler, den Mördern die Pensionen“. Davon wird inzwischen Abstand genommen, ganz offiziell, und man kann aus vorsichtig formulierten Texten heute sogar herauslesen, dass der Umgang mit Nazitätern und -taten in der BRD kein Ruhmesblatt der deutschen Geschichte ist, um nicht zu sagen eine Schande, und dass er eine Verhöhnung der Naziopfer darstellte. Die Selbstbezichtigung des Bundesgerichtshofs von 1995 sei hier als Beispiel zitiert. In einem Urteil räumte das Gericht ein, dass nach 1949 „an weiterer Strafverfolgung von NS-Verbrechen kein Interesse“ mehr bestand. Es habe in der Bundesrepublik Deutschland eine „Selbstamnestierung der Justiz für ihre eigenen Taten“ stattgefunden. Und das Bekenntnis schließt: „Einen wesentlichen Anteil an dieser Entwicklung hatte nicht zuletzt die Rechtsprechung des Bundesgerichtshofes.“

„Spät kommt Ihr – doch Ihr kommt.“ (Schiller) Das ist Übernahme der DDR-Position in offenkundigster Form. Genau so hat sie es gesehen und gesagt. Was diesen Punkt betraf, hat sie sich niemals korrigieren müssen. Mit Filmen wie „Ehe im Schatten“, „Sterne“, „Professor Mamlock“, „Nackt unter Wölfen“, „Die Bilder des Zeugen Schattmann“ oder „Jakob der Lügner“ hat sie von Anfang an den Völkermord an den Juden angeprangert und die Täter benannt. Es wäre interessant zu erfahren, wann auf dem Gebiet der alten Bundesländer der erste Spielfilm gedreht worden ist, in dem die Existenz der Konzentrationslager in der Nazizeit wenigstens einmal erwähnt worden wäre. Die Hände Westdeutschlands waren diesbezüglich lange Zeit praktisch leer. Was in der Bundesrepublik dann Ende der 70er Jahre einsetzte und bis heute anhält, trug und trägt einen übelriechenden Nachholcharakter. Aber, siehe Schiller, besser spät als nie.

Spät kam auch die Rehabilitierung der „Wehrmachtdeserteure“ in der Bundesrepublik. 2002 durfte eine Handvoll der Opfer der NS-Unrechtsjustiz diese Genugtuung noch erleben. Als DDR-Bürger hätten sie die vorausgehenden Schändlichkeiten nicht erleiden müssen, denn im sozialistischen deutschen Staat waren alle, die sich Hitlers Krieg verweigert hatten, a priori rehabilitiert. Sie galten nicht als Straftäter, anders als bis zum Inkrafttreten des Gesetzes zur Aufhebung nationalsozialistischer Unrechtsurteile in Gesamtdeutschland. Dass der 8. Mai 1945 ein „Tag der Befreiung“ war, stand in der DDR nie in Zweifel, die Bundesrepublik stellte sich nach langem Zögern dann Mitte der 80er Jahre auch auf diesen Standpunkt.

Gesundheitswesen: Mit Blick auf den heutigen Ausstattungsgrad der Kliniken und die Umgangsformen in ihnen wünscht sich niemand die DDR-Spitäler zurück. An die kostenlose Pille, an die damals großzügig gewährten Kuren für arbeitende Menschen sollte man hingegen bedauerlicherweise keinen Gedanken mehr verschwenden, das war alles sehr schön, kehrt aber nicht wieder. Man muss schon froh sein, wenn die in der DDR eingeführte jährliche Schuluntersuchung heute noch durchgeführt wird und sie wirklich alle Kinder erfasst. Sicher sollte sich da niemand sein. Geblieben sind als Vorbild auch die DDR-Polikliniken, ihr medizinwissenschaftlich enorm wichtiges Krebsregister und nun auch wieder die Gemeindeschwester als Träger des Gesundheitswesens auf dem Lande.

Bei der Darstellung der DDR-Vorbildrolle für die Bundesrepublik sollte man ob der Vielzahl der Belege keine Vollständigkeit anstreben. Die DDR hat ein hochentwickeltes und vorbildliches System der Altstofferfassung und -verwertung aufgebaut (Kombinat Sekundärrohstofferfassung – SERO), ihr Pfandflaschensystem wird vom vereinigten Deutschland seit Mitte der 90er Jahre kopiert.

1958 schuf die DDR mit der „Messe der Meister von morgen“ einen landesweiten Technik-Wettbewerb. Schiere sieben Jahre später zog die Bundesrepublik mit „Jugend forscht“ nach. In der DDR gab es die erste deutsche Filmhochschule, die erste deutsche Hochschule für Körperkultur.

Schließen wir, indem wir noch einmal vergleichend auf das Frauenbild blicken. Die DDR hatte die erste deutsche TV-Kriminalpolizistin (Sigrid Göhler als Leutnant Vera Arndt im „Polizeiruf 110“). Und sie war es, die in den 80er

Jahren Frauen den Weg in die Streitkräfte eröffnete. An ihrer Offiziershochschule wurden weiblich beschickte Lehrgänge eingerichtet. Natürlich waren diese jungen Frauen die Ersten, die nach der Wende einen Tritt bekamen und in hohem Bogen gefeuert wurden. Um – wieder einmal – Jahre später eine Kehrtwende zu erleben.

Und so webt die DDR weiter am deutschen Kleid, hat der Bundesrepublik in vielem den Stempel aufgedrückt und den Spiegel vorgehalten, und sie wird das auch in Zukunft noch tun.

All diese Beispiele machen Unrecht und Mangelerlebnisse natürlich nicht wett und sind auch keine Rechtfertigung für sie. Die DDR war ein Mix aus Gutem und Schlechtem – wie eigentlich alle Staaten der Welt. Vorteile und Nachteile bildeten in ihr ein fest verschnürtes, widerspruchsvolles Ganzes. Sie gingen auseinander hervor. Was ist vor diesem Hintergrund wünschenswert? Nein, nicht, dass die DDR wiederkommt. Sondern dass der einseitige und blindwütige Hass auf sie einer Geschichtsbetrachtung weicht, welche diese Bezeichnung verdient.

„Nimm dich in Acht, wenn du durch Deutschland fährst und die Wahrheit unter dem Rock trägst.“

(Bertolt Brecht, „Leben des Galilei“)

„Das Unbehagen an der Aufarbeitung“ – Martin Sabrow als Beispiel für kritische Stimmen

Die Art und Weise, mit der die Aufarbeiter selbstgefällig und in stoischer Einseitigkeit über die DDR herfallen und die Vergangenheit verzerrt darstellen, erzeugte nicht nur unter einstigen DDR-Bürgern Widerwillen. Auch in wissenschaftlichen Kreisen fand dieser Kurs keineswegs nur Billigung, auch von dieser Seite schlug ihm Widerstand entgegen.

Einen diesbezüglichen Schlüsseltext verfasste der bereits zitierte Historiker Martin Sabrow mit seiner am 12. Januar 2009 in der FAZ erschienenen Betrachtung „Das Unbehagen an der Aufarbeitung“.

Der Hintergrund: Im Frühjahr 2005 war Sabrow zum Vorsitzenden einer von der Bundesregierung eingesetzten Expertenkommission berufen worden, die den Auftrag hatte, ein Konzept für einen dezentral organisierten Geschichtsverbund zur Aufarbeitung der SED-Diktatur auszuarbeiten. Die am 15. Mai 2006 der Öffentlichkeit vorgestellten und am 6. Juni 2006 in einer öffentlichen Anhörung diskutierten Empfehlungen lösten eine intensive Debatte über den zukünftigen Umgang mit der DDR-Vergangenheit aus. Professor Sabrow verfasste infolgedessen mehrere vielbeachtete Texte, in denen er die Vorteile, aber auch die Mängel der vorherrschenden zeitgeschichtlichen Betrachtung in Deutschland benannte.

Konkret wandte sich Sabrow im erwähnten Aufsatz der Frage zu: „Wie steht die Wissenschaft von der Zeitgeschichte im Zeitalter der boomenden Erinnerungskultur da?" Mit Blick auf das, was in der öffentlichen Wahrnehmung heute als Aufarbeitung firmiert, schreibt er: „Ein empörungsbereiter Gestus der Aufdeckung und Entlarvung wird konserviert, der die deutsche Auseinandersetzung mit der Diktaturvergangenheit so deutlich etwa von dem Selbstverständnis der Wahrheits- und Versöhnungskommissionen in Südafrika und Ruanda unterscheidet."

Sabrow beschreibt ausführlich, wie in den vergangenen Jahrzehnten wissenschaftlicher Erkenntnisgewinn immer mehr von tagespolitischer Agitation überwalzt wird und die Herolde der Aufarbeitung sich um jene wissenschaftlichen Erkenntnisse nur insoweit kümmern, als sie ihnen in den Kram passen. Der Wissenschaftler Sabrow nimmt wahr, dass „die Zeithistorie eine schleichende Entwertung ihres symbolischen Fachkapitals erlebt, die an der Folge ihrer öffentlichen Debatten deutlich ablesbar ist".

Zu Recht stellt Sabrow die Frage: „Um welchen fachlichen Preis wurde die gesellschaftliche Akzeptanz der Vergangenheitszuwendung im Namen der Aufarbeitung erkauft?" Er sorgt sich um fachliche Autonomie und reflexive Distanz. Wir ergänzen: Wie lassen sich diese Fragen anhand der Aufarbeitung der DDR-Vergangenheit beantworten? Wie wirken sich die von Sabrow beschriebenen Tendenzen innerdeutsch aus?

An die Seite universitärer Geschichtsinstitute und außeruniversitärer Forschungseinrichtungen seien Geschichtsmuseen und Gedenkstätten getreten, „die sich als anerkannte Träger der öffentlichen Auseinandersetzung mit der Vergangenheit etabliert haben", schildert der Wissenschaftler. Inzwischen sei ein Netzwerk entstanden, in dem die Grenzen zwischen Geschichtswissenschaft und Geschichtsvermittlung fließend sind. Heutzutage müsse die Zeitgeschichte als Wissenschaft akzeptieren, dass sie in der Gesellschaft nur eine Stimme unter vielen ist.

Der Professor stellt fest, dass sich die Zeitgeschichte in der Gegenwart immer weniger von Grundlagenforschung bestimmen lasse, sondern vielmehr von „anwenderorientierten Gesetzen der Nachfrage". Er spricht von „Magie der Jubiläen", die Fördergelder lenken, von einer „ereignisfixierten Eventgeschichte".

„Die Pathosformel der Aufarbeitung verbirgt, dass die Verbindung von Erinnerungskultur und Fachwissenschaft eine liaison dangereuse ist."

Diese an sich bestürzende Entwicklung bietet sich aus Sicht des Historikers selbst als Gegenstand der Forschung an. Er bleibt seiner Profession treu: „Wenn öffentliche Aufmerksamkeit für die Wissenschaft kein Wert an sich ist, muss ein Unterschied bleiben zwischen geschichtsanalytischer Erkenntnis und geschichtsmoralischem Bekenntnis."

Sabrow erkennt ausdrücklich an: Das Aufarbeitungsparadigma habe nach zwei Diktaturen den alten Systemeliten die Deutungshoheit zu entwinden geholfen und die Mechanismen der totalitären Verführung wie der individuellen Verstrickung bloßgelegt. Es hat der Stimme der Verfolgten Raum gegeben und die öffentliche Aufmerksamkeit auf den

Alltag der Unterdrückung gelenkt. Es hat eine Gedenkkultur etabliert, die auf kritische Befragung der Vergangenheit statt auf Affirmation von Traditionen angelegt ist.

Hier liegt bei Sabrow die eindeutig schwächste Stelle, denn an ihr geht er der Aufarbeitungsindustrie auf den Leim. Der Vorgang, den Sabrow beschreibt, sollte nämlich kein Grund zum Jubel sein, sondern eher Besorgnis auslösen. Leider stellt er sich hinter die Grundvorstellung der Aufarbeiter von den makellosen Demokratien, die es gegen schurkische Diktaturen zu verteidigen gelte – entgegen einschlägiger geschichtlicher Erfahrung. Denn es gab und gibt sehr wohl äußerst kommode Diktaturen und zugleich äußerst verbrecherische Demokratien. Und wenn der Mensch von einer politischen Entscheidung lediglich weiß, dass sie auf demokratischem, weniger demokratischem oder gar undemokratischem Wege zustande gekommen ist, dann weiß er eines ganz bestimmt immer noch nicht: Ob diese Entscheidung gut und richtig gewesen ist oder nicht. Das sind Umstände, die sowohl bei Sabrow als auch bei den Aufarbeitern ausgeklammert bleiben. Von diesem gravierenden Umstand abzusehen ist die Grundlage all ihrer Erkenntnisse, aber eben auch all ihrer Irrtümer.

Mit welchen Konsequenzen? Aus der erwähnten Perspektive können „Opfer" immer nur dann als Opfer gelten, wenn die Gegner des Westens sie gefordert haben. Die Mauertoten sind in diesem Fall als Opfer anerkannt, die Toten des Vietnamkriegs nicht, ebensowenig wie Millionen Kolonialkriegsopfer in Afrika zwischen 1945 und 1990. In den Jahrzehnten und Jahrhunderten zuvor war es nicht anders: Sklaverei und Völkermord an den Ureinwohnern beeinträchtigten das Selbstverständnis der Wiege der modernen Demokratie, die USA, kein bisschen. Sind das unwichtige Dinge, die bei der Beurteilung der Demokratie unter den Tisch fallen sollten? Apartheid, Rassendiskriminierung und verbrecherische äußere Aggressionen (gegen die Staaten Lateinamerikas) kennzeichneten die USA im 20. Jahrhundert. Glaubten die Anhimmeler der „Demokratie", dies nicht in die Bewertung einbeziehen zu müssen? Historisch stehen sich die Westausdehnung der demokratischen USA und die Ostausdehnung des dikatorisch-zaristischen russischen Reiches gegenüber. Alle von den Russen unterworfenen Völker gibt es heute noch. Fast alle von den US-Demokraten unterworfenen Völker der Ureinwohner gibt es heute nicht mehr. Sind das Dinge, von denen man absehen darf? Wie der demokratische Westen in den vergangenen hundert Jahren weltweit gewütet hat – er tut dies bis auf den heutigen Tag –, hat in dieser kruden Weltsicht keinen Platz, sie ist also ob ihrer selbstgewählten Beschränkung weitgehend wertlos.

Bleiben wir bei Sabrows eigenen Formulierungen.

Ihm ist zuzustimmen, dass die deutsche Aufarbeitung „nach zwei Diktaturen den alten Systemeliten die Deutungshoheit zu entwinden geholfen" hat. Allerdings hat sie eine neue Deutungshoheit installiert, die aggressiv und unwissenschaftlich gegen Andersdenkende verteidigt wird. Eine Beschränkung wurde durch eine neue Beschränkung ersetzt.

Richtig, sie hat „die Mechanismen der totalitären Verführung wie der individuellen Verstrickung bloßgelegt". Glaubwürdig wäre sie allerdings erst dann, wenn sie gleichzeitig den Mechanismen demokratischer Verführung und individueller Verstrickung in die Verbrechen des Westens nicht wortlos die Erlaubnis und Weihe erteilen würde.

Zweifellos, sie hat „der Stimme der Verfolgten Raum gegeben und die öffentliche Aufmerksamkeit auf den Alltag der Unterdrückung gelenkt". Gleichzeitig hat sie aber alles dafür getan, Achtbares, Gutes, Fortschrittliches, Menschliches bei den von ihr angefeindeten sozialistischen „Diktaturen" zu leugnen, zu vernebeln, einfach wegzufegen.

Ja, es hat „sich eine Gedenkkultur etabliert, die auf kritische Befragung der Vergangenheit statt auf Affirmation von Traditionen angelegt ist". Gleichzeitig hat sie die kritische Befragung des Westens außer Acht gelassen, der viel größere Verbrechen beging als beispielsweise die DDR. Nichts kann den Aufarbeitern ferner liegen als der von Bertolt Brecht so geschätzte Vergleich. Nichts kann ihr weiterhin ferner liegen als Kriterien zu entwickeln, die sowohl für die Bewertung der Diktaturen als auch die der Demokratien gelten müssten. Indem diese Gegenüberstellung beinahe manisch vermieden wird, werden die Opfer des Westens verhöhnt. Und das ganze Unternehmen steuert sich selbst in Minderwertigkeit und Nutzlosigkeit hinein.

„Echter, sich kennender, sich könnender Kommunismus hat dasjenige zu sein, was unter dem Namen Moral so lange vergebens gesucht ward.“

(Ernst Bloch)

Schwarzweiß und Weißschwarz – die inhaltlichen Defizite der Aufarbeitung

Wie gesagt: Das Entscheidende bei der heutigen Aufarbeitung liegt nicht in dem, was die Aufarbeiter von sich geben. Es liegt in dem, was sie verschweigen. Zwar operieren sie beständig mit dem Argument, „Defizite“ aufdecken und ausfüllen zu wollen, doch sind vor allem sie es, deren Denkschema die geistigen Defizite konserviert. Insofern ist es wichtig, diese Defizite hier zu benennen: Wovon abstrahiert die Betrachtung der Aufarbeiter? Nach Aufdeckung der Methoden wenden wir uns den Inhalten zu. Dabei springt eins immer wieder ins Auge: In dieserart Geschichtsbetrachtung werden die negativen Seiten des Westens genauso notorisch unter den Tisch fallen wie die positiven der DDR. Diese bewusste Engführung ist die Grundlage des Weltbildes.

Als der Philosoph Ernst Bloch 1961 gefragt wurde, warum er der DDR den Rücken gekehrt hatte und in der Bundesrepublik geblieben war, sagte er, in dem Teil Deutschlands, in dem er sich jetzt aufhalte, sei das „Humanum geschützter". Natürlich könnte man es sich jetzt leicht machen, denn die Wahrscheinlichkeit, sein Leben durch Mord oder Totschlag zu verlieren, war in der Bundesrepublik zwei- bis dreimal höher als in der DDR. Aber worauf bezog sich Bloch tatsächlich? Es ging ihm darum, dass Recht gegen die Macht in Anschlag gebracht werden kann. Das funktionierte in der Bundesrepublik im Großen und Ganzen, in der DDR funktionierte das nicht ohne weiteres.

Zweifellos ist also Blochs Bewertung nicht völlig falsch. Ist damit aber tatsächlich alles gesagt? Kann an dieser Stelle der Strom fließen, an einem Ufer die schreckliche Diktatur und am anderen die segensreiche Demokratie?

Die Einrichtung einer Aufarbeitungs-Enquetekommission im Landtag von Brandenburg 20 Jahre nach der Wende wurde mit Defiziten in der Geschichtsaufarbeitung begründet. Vor allem ostdeutsche Schüler wüssten zu wenig über die Diktatur. Nun ist es zweifellos richtig – da kann man nur zustimmen –, dass heutzutage solche Defizite bestehen. Und es sind sogar gravierende. Aber sie liegen nicht dort, wo die Anhänger des neuen „Aufarbeitungsamtes" sie vermuten. Mit der DDR wird seit 1990 praktisch jeden Tag in aller Öffentlichkeit abgerechnet, das weiß jedes Kind. Defizite bestehen vielmehr, was die Verbrechensgeschichte des freien und demokratischen Westens betrifft. Hier tagt der Kongress der Weißwäscher pausenlos. Besser formuliert: Hier schweigt er sich aus. Und es wären – nach 25-jähriger Unterbrechung – Ausforschungen am Platze. Sich die Bilanz seiner Untaten vor Augen zu halten, ist ein beinahe unerträgliches Unterfangen. Es handelt sich um Verbrechen, die der demokratische Westen im Übrigen beging, seit es ihn gibt. Und kein Bereich der jüngeren Geschichte ist stärker erfasst vom Kartell des Schweigens und Verdrängens, dem die Aufarbeitungsindustrie nicht schlechthin angehört – sie ist dessen hervorragendster Teil.

Auf ein vergessenes Kapitel der Welt- und Sportgeschichte stößt der müßige Mexiko-Urlauber auf dem „Platz der drei Kulturen“ in Mexiko-Stadt. Also dort, wo Azteken-Tempel, Spanier-Barock und architektonische Moderne miteinander sozusagen auf Tuchfühlung stehen. Dieser Platz war nicht nur bei der Eroberung Mexikos 1531 Schauplatz eines gewaltigen Gemetzels, sondern auch 1968.

Das war das Jahr, in dem Mexiko die Olympischen Spiele ausrichtete, und es war das Jahr der studentischen Massenproteste in der westlichen Welt. Auch Mexiko erlebte damals eine Art Aufstand, auf diesem Platz versammelte sich die studentische Jugend des Landes. Der Tag der Olympia-Eröffnungsfeier rückte näher, die Studenten wichen nicht und setzten ihren Protest fort. Acht Tage vor dem Entzünden des Olympischen Feuers eröffnete die Polizei ihr eigenes Feuer. Die Staatsmacht spricht seither von 31 Toten, die Studentenorganisationen von rund 500 Toten. Unabhängige Beobachter meinen, dass die Angaben der Studenten näher an der Wahrheit liegen. Die große Erinnerungstafel für dieses massenmörderische Ereignis ist zwischen den Tempelresten der Azteken und der Kirche zum Heiligen Franziskus errichtet worden. Diese Stele kann ein jeder betrachten, aber nur dann, wenn er die Touristen-Plattform verlässt und auf diesem Platz des blutigen Friedens ein wenig herumstöbert. Die Spiele fanden damals ungestört statt, weder Ost noch West hatten von dem Vorfeld-Massaker in der Olympiastadt nennenswert Notiz genommen.

Polizeimassaker an Studenten? Das ist doch längst belegt und gemünzt. Ja eben – während die Ereignisse in Peking 1988 auf dem Platz des Himmlischen Friedens politisch präsent sind und für jedermann jederzeit geistig aktivierbar, bleibt der Massenmord an protestierenden Studenten in einem Land der „freien Welt“ vollständig ausgeblendet. Dabei hatte er sich gewissermaßen als Auftakt vollzogen. Dieses Massenverbrechen eines demokratischen Staates war sozusagen Vorbild für das Verbrechen der chinesischen Kommunisten. Welcher geschichtliche Weichzeichner waltet hier seines Amtes? Hier haben wir die moderne Aufarbeitung in Reinkultur.

Vor einigen Jahren fand in Berlin ein Gesprächsforum statt, das den „Einfluss der Westmedien auf die Revolution in der DDR 1989“ feierte. Es war ein Bestandteil der endlosen und zunehmend öden Prozession, innerhalb derer die diktatorische DDR von blütenweißen Demokraten wieder und wieder zu Grabe getragen wird. Gastgeber war die Freie Universität, und beherbergt wurde die Veranstaltung vom Henry-Ford-Gebäude. Dieser Bau ist also benannt nach einem bekennenden Antisemiten, benannt nach dem größten Bewunderer, Freund und Geldgeber Adolf Hitlers, welchen die Vereinigten Staaten aufzubieten haben. Sicher, Henry Ford war nicht allein Milliardär, sondern auch Demokrat. Da ist ihm eine Menge gestattet. Vor allem, wenn er Geldgeber ist. Folglich ist die Freie Universität in Berlin/West ein wahrlich guter Ort, sich selbst zu feiern und das Bösreich DDR zu verdammen. Und wieder sahen selbstzufriedene Pharisäer den Splitter im Auge des Nachbarn und den Balken im eigenen nicht.

Dieses Freundeln mit Faschisten hat im freien und demokratischen Westen Tradition. Als die spanische Republik unter den Bomben Hitlers und Mussolinis zusammenbrach, sahen die europäischen Demokratien komplizenhaft weg. Einzig Mexiko und die diktatorische Sowjetunion halfen damals den spanischen Republikanern. Vom demokratischen Westen, der bis 1939 mit Hitler paktierte, war das nicht zu erwarten. Der war damit beschäftigt, seinen Verbündeten, die demokratische Tschechoslowakei, an Nazideutschland zu verraten und auszuliefern. Jahrelang wurde Hitler von den Westmächten wie ein Freund behandelt, dem man einen strategischen Vorteil nach dem anderen zuspielte. Dies ging so weit, dass die USA das hitlerhörige Vichy-Regime nach Frankreichs Niederlage diplomatisch anerkannten. Was aber ist das Einzige, das heute von dieser Zeit in Erinnerung bleiben soll? Der Hitler-Stalin-Pakt. So sieht sie aus, die Verknoppung des Geschichtsbildes.

Auf die Opfer der sozialistischen Diktatur werden wir jeden Tag aufmerksam gemacht, warum aber nicht in gleichem Maße auf die viel umfangreicheren der Demokratie? Sollten wir ihnen nicht endlich einmal ein Denkmal weihen? Ist es wirklich nicht der Erinnerung wert, wie die USA-Gründerväter in ihren Versammlungen von Freiheitsphrasen besoffen brüllten und dann nach Hause gingen, um ihre Sklavinnen zu vergewaltigen? Mit den auf diese Weise entstandenen Mischlingen verkauften diese Demokraten ungerührt und regelmäßig ihr eigen Fleisch und Blut, und es lässt sich begründet fragen, ob die Welt jemals sittlich ein so niedriges Niveau besaß wie in der puritanischen Frühzeit der USA, als dort die Demokratie noch jung und hübsch war. Zurückgekehrt von einer Reise in die Neue Welt, die ja auch die freie Welt sein wollte, sagte der irische Schriftsteller George Bernard Shaw Anfang des 20. Jahrhunderts: „Da gelte ich nun als Meister der Ironie. Aber auf die Idee, die Freiheitsstatue ausgerechnet in den Vereinigten Staaten aufzustellen, wäre selbst ich nicht gekommen."

Sklaverei hieß die Mutter dieser Demokratie – Völkermord nannte sich ihr Vater. Beim Vordringen dieser Staatsform wurden die nordamerikanischen Indianerstämme auf dem Territorium der USA zu fünf Sechsteln ausgerottet. Blicken wir – wieder zum Vergleich – nach Mexiko, das im 20. Jahrhundert zuerst von einem Militär-Diktator, dann von einer sozialistischen Partei regiert wurde. Dort gibt es am Kolonialterror der königlich-aristokratischen Spanier wenig bis nichts zu loben. Millionen gingen daran zugrunde. Nur – die Nachkommen der verachteten Indios bilden heute die Mehrheit der mexikanischen Gesellschaft. Oder auch dies: Die Eroberungen des zaristischen Russlands in Asien und die Unterwerfung der dort lebenden Völkerschaften sind historische Tatsache. Aber es gibt diese Völkerschaften alle noch. Sie haben überlebt. Während also die Diktatoren ihren Unterworfenen immerhin noch Perspektiven ließen, taten die Demokraten dies nicht. Ihre überlegene Staatsform vermittelte den US-Amerikanern übrigens im 19. und 20. Jahrhundert das Selbstbewusstsein, ihr südliches Nachbarland Mexiko um ein Drittel seines Territoriums zu bringen und andere Länder Süd- und Mittelamerikas gleich reihenweise zu überfallen, so dass ein Mann wie der Schriftsteller Mark Twain sich zu dem Vorschlag bemüßigt fühlte, die Sterne in der Flagge durch Totenköpfe zu ersetzen. Was die Völker Lateinamerikas unter der US-amerikanischen Knute erdulden und erleiden mussten, ist unsagbar, und die Bitte des Präsidenten Obama um Entschuldigung ein in Deutschland unreflektierter Vorgang. Das ist verständlich. Hier hat man ja die DDR und die Stasi, an denen man sich abarbeiten kann. Um es deutlich zu sagen: Die Verbrechen der Stasi waren schlimm. Die Verbrechen des freien und demokratischen Westens waren tausendmal schlimmer. Mit denen können sich die Stasi-Untaten jedenfalls nicht messen. Die Opfer der Staatssicherheit können heute glücklicherweise Interessengemeinschaften bilden und Sühne fordern. Die zerfetzten Kinder von Vietnam, Laos und Kambodscha können das nicht mehr.

Ja, schon als die bürgerliche Demokratie noch in der Wiege lag, kam sie als Raubtier daher. Inzwischen ist sie eine blutbeschmierte alte Vettel. Um die Maßlosigkeit der Verbrechen des Westens zu belegen, müsste niemand sich in der fernen Vergangenheit verlieren. Bis in die 60er Jahre hinein waren die USA ein Staat der Apartheid, d.h. der gesetzlichen Rassentrennung und -unterdrückung. Aber in den Augen der heutigen Medien ein „Rechtsstaat". Hatte es damit sein Bewenden? Konkreter gefragt, welcher faschistische Diktator Lateinamerikas, Afrikas oder Asiens wurde vom freien Westen eigentlich nicht unterstützt? Bis hin zum mörderischen Pol-Pot-Regime standen die USA bereit, wenn es galt, Verbrechern und Mördern ihrer Völker die Amtszeit zu verlängern. Allzu wählerisch waren die Westdeutschen also nicht, als sie ihre „Wertegemeinschaft" zur westlichen Führernation aufbauten. Das Beispiel Frankreich wurde bereits beschrieben, das seine Kolonialmassaker genau in der Zeit der Wiederannäherung zwischen Deutschland und Frankreich beging. Westliche Werte und Menschenrecht sind damals etwas gewesen, das man den außerhalb der eigenen (europäischen) Grenzen lebenden Menschen nicht zugestand. Nein, denen gestanden die Demokratien in einer Unzahl von Fällen nicht einmal das grundlegendste aller Menschenrechte zu, also das Recht auf das eigene Leben.

Bleiben wir bei der in dieser Frage offenbar über alles erhabenen Bundesrepublik Deutschland. Als „Ami vom Dienst" spielte sie während des verbrecherischen Vietnamkrieges eine nichtswürdige Rolle. Und der Gehorsam der Adenauer-Heuss-Republik gegenüber einem von Apartheid und Rassendiskriminierung bestimmten Aggressor- und Führerstaat war keineswegs ein blinder. Der eingangs zitierte Philosoph Ernst Bloch sprach vom SA-Faschismus, der dann durch den USA-Faschismus abgelöst worden sei. An den Aggressionen der USA selbst hat sich Westdeutschland natürlich nie beteiligt. Oder nur ein wenig? Oder doch ganz substanziell? Dem Völkerrecht verpflichtet, wussten die Staatsrechtler auch in der Bundesrepublik, dass Aggressor ist, wer ein anderes Land mit Waffen angreift. Ein Aggressor ist aber auch, wer eine US-Aggression zwar nicht offiziell unterstützt, sie jedoch von seinem eigenen Territorium aus gestattet. Die Tatsache, dass die Vereinigten Staaten den Vietnamkrieg in beträchtlichem Umfang über ihre bundesdeutschen Basen abgewickelt haben, rückt auch die Rolle der (West-)Deutschen dabei in ein anderes Licht. Niemals wurde auf bundesdeutscher Staatsebene gegen diesen Mord an allein einer halben Million vietnamesischer Kinder protestiert. In der DDR war das anders, da war die Wut auf die amerikanische Regierung Gemeingut, und es bedurfte nicht erst der zornigen Worte des französischen Staatspräsidenten Charles de Gaulle: „Die USA sind der Urheber dieses ungerechten und verabscheuungswürdigen Krieges."

Davon war die Bundesrepublik in ihren offiziellen Verlautbarungen weit entfernt. Ihr Bundespräsident Heinrich Lübke rief 1967 angesichts dieses Millionenmordes den Amerikanern begeistert zu: „Möge auch der gegenwärtige Kampf, den Ihr Land als Vorkämpfer der Freiheit gegen die Mächte der Finsternis führt, von Erfolg gekrönt sein." Das gesamte politische Bonn, einschließlich des früheren Kanzlers Ludwig Erhard, hat die Bombenangriffe gegen Nordvietnam und damit den Massenmord an Zivilisten begrüßt sowie beständig und jahrelang etwas ausgestoßen, was der Schriftsteller Martin Walser seinerzeit „Satellitengepiepse" nannte. Walser sprach von der „ekelerregenden Stumpfsinnigkeit unserer Kriegshilfswilligen". Die Bundesrepublik sei ein „Stern in der amerikanischen Flagge", und er konstatierte resigniert: Regierung und Oppositionen seien dabei „einträchtig wie immer bei Schicksalsfragen".

Was man vor diesem Hintergrund den Angehörigen der DDR-Staatssicherheit vorwirft, ist unbegreiflich. Ihre Verbrechensbilanz ist zweifellos vorhanden, aber auf einer völlig anderen Ebene. Um ein Vielfaches niedrigschwelliger, wie man heute sagen würde. Es war die Demokratie, in der sich die wahnsinnigen Individuen fanden, welche die Atombombe tatsächlich gegen Hunderttausende Zivilisten einsetzten – kein Diktator dieser Welt hat dies bislang getan. Und man halte sich vor Augen, mit welch niederträchtiger Argumentation das verbunden war. Niemals in den vergangenen anderthalb Jahrtausenden Militärgeschichte hat eine Krieg führende Macht offen den Grundsatz vertreten, sie besitze das Recht, bei ihrem Feind so lange die Kinder, Frauen und Greise abzuschlachten, bis dieser Feind aufgibt. Zweifellos sind solche Verbrechen in der Geschichte vorgekommen, aber, wie gesagt, das Bekenntnis dazu scheuten auch die größten Halunken. Nicht so die Vereinigten Staaten. Mit dem Argument, man schütze so die eigenen Soldaten, wurden Japans Zivilisten in Hiroshima und Nagasaki verbrannt. Hier kann nicht einmal der Revanchegedanke als Feigenblatt dienen. Denn so verbrecherisch das kaiserliche Japan auch Krieg geführt hat – niemals hat es ein US-amerikanisches Bevölkerungszentrum angegriffen. (Pearl Harbor war ein Kriegshafen.)

Bis in die Gegenwart hinein findet der Völkerrechtsbruch statt. Der Club der Demokratien überfiel unter Führung der USA 2003 den Irak, brachte dort die Menschen zu Hunderttausenden um und steckte den überlebenden Kindern Kaugummis zu. Deutschlands Nachbarn Tschechien, Polen und Dänemark waren und sind zum Teil noch voller Begeisterung dabei. Während das Königreich Dänemark immerhin noch die Anständigkeit besaß, dem Irak zuvor den Krieg zu erklären, hielten Polen und Tschechien dies gar nicht erst für nötig. Gab es eigentlich auch nur einen einzigen deutschen „Spitzenjournalisten“, der die Frage stellte, wie Deutschland freundschaftliche Beziehungen zu Staaten unterhalten kann, die anderen Ländern den Krieg erklären? Oder – weitergehend noch – die sich an Aggressionen beteiligen, ohne ihn zuvor zu erklären? Dass die USA das

Kommando gaben, scheint inzwischen alles zu rechtfertigen. Der mexikanische Schriftsteller Octavio Paz sprach im Zusammenhang mit dem Auftreten der westlichen Supermacht vom „menschenfreundlichen Menschenfresser".

Das war ein Ausschnitt der Opferbilanz des freien und demokratischen Westens. Es müssen ja nicht immer gleich Todesopfer sein. Die Millionen Kinder in Deutschland, denen ein kulinarischer Tagessatz im Werte von weniger als 2,50 Euro zugestanden wird, sind ebenfalls Opfer. Ihre Würde wird auf diese Weise jeden Tag aufs Neue beschädigt, und wenn der einstige FDP-Vorsitzende Guido Westerwelle in solchen kindlichen Lebensparametern „spätrömische Dekadenz" ausmacht (und nicht etwa im Playboy-Leben reicher Erben, die dank FDP noch weniger Steuern zahlen müssen), dann ist ein bislang ungekannter Tiefpunkt erreicht. Westerwelle, der mit seinen unglaublichen Thesen die Vorletzten dieser Gesellschaft gegen die Letzten hetzt, passt ganz ins harmonische Bild. Immerhin versagten zumindest Teile des deutschen Feuilletons hier noch nicht und fragten den Herrn Westerwelle schon noch, was die Hartz-IV-Kinder denn seiner Meinung nach dafür können, dass immer mehr Menschen in Deutschland trotz Beschäftigung nicht einmal den Sozialhilfesatz verdienen. Ein Denkmal für die Opfer der Demokratie müsste auch an diese Opfer erinnern. Wo steht dieses Denkmal eigentlich?

Nun könnten die Aufarbeiter sich damit herausreden, dass sie sich die Bewertung der Verbrechensgeschichte des Westens niemals zum Ziel gesetzt haben. Sie wollen die Verbrechen von „Diktaturen", die des „Kommunismus" betrachten, etwas anderes eben nicht. Wo aber ist sie, die „Stiftung zur Aufarbeitung der Verbrechen des Westens"? Wo sind die Millionen, die dringend nötig wären, um hier Licht ins Dunkel zu bringen? Die deutsche Aufarbeitungsindustrie ist dafür taub und blind.

Wie man einen Staat bewerten will, ohne ihn in seine Umgebung einzuordnen und ihn an dieser Umgebung auch zu messen, bleibt das Geheimnis der Aufarbeiter. Aber auch beim Blick auf die DDR im engeren Sinne scheuen sie die komplexe Betrachtung, wählen sie den konsequenten Tunnelblick, der Voraussetzung ihrer Thesen ist. Ganz zu schweigen davon, dass sie sich zielbewusst den positiven Seiten der DDR zuwenden würden. Es folgt die diesbezügliche Bilanz, der sich die deutschen Aufarbeiter seit 25 Jahren verweigern.

Die großen Grotesken – die grundlegenden Thesen der Aufarbeiter

Wer sich heute in den „Leitmedien“ und in den Institutionen der Aufarbeitung über die DDR informieren will, der wird in der Regel schlecht bedient. Ihre Grundthesen sind nicht haltbar, zumindest nicht in ihrer Einseitigkeit. Es folgt eine Aufzählung und eine Richtigstellung der schlimmsten „Schnitzer“.

Erste These: Zu DDR-Zeiten wurde Ostdeutschland „heruntergewirtschaftet“

Was immer auch mit dem Zusammenwachsen von West- und Ostdeutschland hätte gemeint sein können – gemessen an den Ausgangsversprechungen, den Verheißungen, gemessen an den Annahmen von 1990 ist es in wesentlichen Bereichen gescheitert. Um zu dieser Bewertung zu kommen, genügt es, genau jene Maßstäbe anzulegen, welche die Urheber des Scheiterns als für sich gültig erklärt haben. Die wichtigste Vorstellung dabei ist diejenige von der „heruntergewirtschafteten“ DDR.

Mal abgesehen davon, dass die Voraussetzung hierfür wäre, dass die SED 1946 eine blühende Landschaft übernommen hätte statt einer kriegsversehrten, die sie in den folgenden viereinhalb Jahrzehnten herunterwirtschaften konnte. Schon damit wäre diese Auffassung als albern qualifiziert und im Grunde widerlegt. Aber man sollte es sich nicht zu leicht machen.

Einwände hin oder her, die Dominanz dieser Ansicht in den Medien ist ungebrochen, und es ist nicht schwer, sich dadurch einlullen zu lassen. Auf den Gebieten des Konsumgüterangebots und der Reisefreiheit vermissen Ostdeutsche gar nichts mehr, hier sind ihre Erwartungen erfüllt worden. Das unterscheidet die heutige Situation nachhaltig von der in der DDR. Infrastruktur und Gebäudebestand haben eine sichtbare Modernisierung erfahren, die Stadtzentren sind schick hergerichtet, Dreckschleudern wichen einer in Ruhe dahindämmernden blühenden Landschaft. Spaßeinrichtungen in beachtlicher Dichte sind entstanden. Und so weiter.

Die Schönredner des Ganzen schwelgen in diesen Erfolgen und werden bis zu ihrer letzten Stunde kein Gefühl dafür entwickeln, dass sie auf diesem Wege in die gleiche Falle geraten sind, in der schon die SED steckte. Denn genau wie die DDR-Staatspartei interessieren sie sich ausschließlich für ihre Siege, aber niemals dafür, was diese Siege gekostet haben.

Die vielen Spaßeinrichtungen sind Tempel der Betäubung. Da stehen die schicken Nachwende-Bushäuschen, die darüber hinwegtäuschen, dass der Bus kaum noch fährt. Die neuen Straßenlaternen leuchten aus Kostengründen nicht. Da dröhnt die wohltuende Stille und ist Ausdruck dafür, dass es keine Arbeit mehr gibt. Die denkmalgerecht instandgesetzten Stadtzentren bilden den Hintergrund für Totentanz, Missmut und Wegzug.

Aber – zugegeben – mit Beispielen kann man alles beweisen. Tatsache ist jedoch, dass zentrale wirtschaftliche Ziele, die 1990 für Ostdeutschland formuliert worden sind, nicht erreicht wurden. Von einem selbsttragenden Aufschwung ist die Gegend heute weiter entfernt als 1990. Mit Unmengen von Geld ist ein ewiges Transfergebiet geschaffen worden, das keinen Augenblick lebensfähig wäre, würde es auf sich selbst gestellt sein.

Im Sinne ihrer „planmäßig-proportionalen Entwicklung aller Landesteile" hat die DDR in ihren Nordbezirken aus reinen Agrargebieten industrialisierte Zonen gebildet. Kein Landkreis war davon ausgenommen. Dieser beeindruckende Modernisierungsschub hat die DDR nicht gerettet, zumal er mit Vernachlässigung und dem Verzicht auf Nachhaltigkeit vor allem in den Südbezirken erkauft worden war. Was aber geschah nach der Wende? Ein entwickeltes Industrieland wurde in ein Stadium zurückgeworfen, in dem Verwaltung, Handwerk, Handel und Fremdenverkehr die wirtschaftlich dominierende Rolle spielen. Also vielerorts auf ein vorindustrielles Niveau. In seinen besten Jahren seit der politischen Wende konnte der Osten bei den Wachstumsraten des Westens mithalten, in der Regel jedoch nicht. Der Abstand ist seither nicht geringer, sondern größer geworden. Statt Aufbau oder wenigstens Umbau dominiert in weiten Gegenden Ostdeutschlands der Rückbau.

Sinnfällig wird das Scheitern angesichts des relativen Rückfalls des deutschen Ostens im Vergleich zu anderen ost- und südosteuropäischen Staaten. Unter der SED-Herrschaft hat Ostdeutschland gegenüber diesen Ländern einen technologischen Vorsprung herausgearbeitet oder zumindest gehalten. Seither ist er gegenüber all diesen Länder stark geschrumpft und im Falle Tschechiens überhaupt nicht mehr vorhanden. Und das, obwohl mit 1,5 Billionen Euro nach den politischen Umbrüchen mehr Geld in den Osten Deutschlands geflossen ist als in alle diese Staaten zusammen. Das heißt: Sie alle haben – nahezu mittellos – diese Zeit wirtschaftlich besser genutzt als der Osten Deutschlands.

Man gewinnt den Eindruck, die politischen und marktwirtschaftlichen „Macher“ in der Bundesrepublik wollten den Beweis dafür antreten, dass man mit ungeheuren Summen das bis über beide Ohren verschuldete, schlimmste demografische Krisengebiet Europas aus dem Boden stampfen kann.

Statt Lohnangleich gibt es den stabilen Lohnabstand (wenn man vom öffentlichen Dienst absieht). Statt wachsende Massenkaufkraft gibt es eine rückläufige. Statt Selbstbestimmung hat Ostdeutschland die wirtschaftliche Fremdbestimmung. Statt gestoppter Abwanderung und Perspektive in der Heimat die schrittweise Entleerung und damit einhergehend sinkende Lebensqualität. Statt ausgeglichene kommunale Haushalte allein 2010 ein Defizit von 12 Milliarden Euro. Statt Vielfalt an Pflanzen- und Tierproduktion die Monokulturen. Statt verbesserter Umweltbedingungen einen Rückgang bei Tier- und Pflanzenvielfalt.

Statt sich zu verringern, sind die West-Ost-Unterschiede größer als in jedem anderen Land Europas. Gleichzeitig hat sich eine fantastische Staatsverschuldung aufgebaut, allein die Einwohner der Stadt Potsdam und zweier Landkreise sind heute als Staatsbürger zusammen verschuldeter, als es die ganze DDR gewesen ist. Und die sieben Milliarden Dollar, mit denen 1990 die UdSSR bei der DDR in der Kreide stand, hat nicht der SED-Generalsekretär Honecker dem sowjetischen Parteichef Breschnew erlassen, sondern ein deutscher Bundeskanzler dem russischen Präsidenten.

Wie können die von den Parteien CDU, SPD, FDP und Grüne – jedoch nicht von den Linken – verschriebenen und zur Anwendung geführten Rezepte richtig gewesen sein, wenn die Ergebnisse so deprimierend sind? Vor allem darf man dabei nicht vergessen: Die Macher waren völlig ungestört. Niemand konnte ihnen in die Parade fahren. Und es galt in ihren Kreisen als schick, über die klugen Einwände und Warnungen von – beispielsweise – Christa Luft zu lachen. Sie hatte empfohlen, die DDR-Betriebe zu modernisieren und erst danach zu privatisieren, was ihnen eine reale Chance im Konkurrenzkampf geboten hätte. Es wurden der DDR-Wirtschaft aber andere Rezepte verschrieben, und zwar die ihrer westdeutschen Konkurrenten, die an ostdeutscher Produktion wenig oder gar kein Interesse hatten. Diese Rezepte erwiesen sich als falsch, aber umso energischer pochte der Apotheker auf ihre Anwendung und die Einnahme in höheren Dosen.

War dieses Scheitern nun Gottes Wille, oder handelt es sich vielleicht doch um irdisches Machwerk? Waren nur die Rezepte falsch, oder war der Erfolg von vornherein ausgeschlossen? Oder – noch origineller – sollte es einen Erfolg Ostdeutschlands überhaupt geben? Denn der Rückfall Ost war – wirtschaftlich gesehen – ein Glücksfall West.

Wie müsste in dieser Lage der Hauptvorwurf lauten? Nein, nicht, dass wir in einem ungerechten Land leben. Nicht, dass sich der Osten mit verblüffender Geschwindigkeit in Arm und Reich gespaltet hat, nicht, dass die einen im Berufsleben alle Rechte genießen und fürstliche Gehälter einstreichen, während die anderen kaum Aussicht haben, auf einen grünen Zweig zu kommen. Nicht, dass der Staat schon bei den Kindern in Klassen einteilt, die er finanziell unterschiedlich ausstattet.

Entscheidend ist die Aussichtslosigkeit des Verfahrens. Das Ganze hat keine Zukunft, und eine Transformation steht so oder so bevor. Sollte man jetzt sagen, nach der Planist nun in Ostdeutschland die Marktwirtschaft gescheitert? Das wäre nur bedingt richtig. Mit Blick auf zum Teil trostlose Industrieregionen im Landessüden wurde der SED – in Grenzen berechtigt – der Vorwurf gemacht, das Land „runtergewirtschaftet“ zu haben. Tatsächlich haben diese einst entwickelten Regionen relativ verloren. Zur Wahrheit gehört aber auch, dass ein substanzielles Herunterwirtschaften des Ostens im ökonomischen und finanztechnischen Sinne auch nach dem DDR-Ende stattgefunden hat. Ein deutscher Landstrich, der bis 1990 durchaus für sich selbst aufgekommen ist, wird dazu in absehbarer Zeit nicht mehr in der Lage sein.

Zweite These:
Am 17. Juni 1953 demaskierte sich die Unmenschlichkeit des kommunistischen Systems

Wie in einem Katechismus legt die offizielle Geschichtsschreibung die entscheidenden Daten der DDR-Geschichte fest, sie sind gleichsam kanonisiert worden: Berlin-Blockade, Waldheim-Prozesse, Mauerbau, Biermann-Ausbürgerung und Mauerfall bilden die Eckpfeiler des offiziellen Erinnerns. Damit erschöpft sich das Thema auch im Wesentlichen, anderes scheint aus diesen vier Jahrzehnten nicht der Erinnerung wert. Aber natürlich darf der 17. Juni 1953 in dieser Reihe nicht fehlen, er spielt im Erinnerungskonzert eine vordere Geige.

„Willst du dir ein hübsch Leben zimmern, musst ums Vergangne dich nicht bekümmern", hatte Goethe einst gereimt. Die Gelehrten streiten sich darüber, ob das ironisch gemeint war oder vielleicht doch ernst. Mögen sie streiten. Außerdem besteht hier auch nicht unbedingt ein Widerspruch, der Mensch hat eben mitunter Lust, sich auf die Vergangenheit einzulassen, mitunter auch nicht. Diese Freiheit ist allerdings gestrichen, wenn es sich um die DDR-Vergangenheit handelt.

Zunächst: Am 17. Juni hatte sich in der DDR diffuser Unmut Luft gemacht, der rasch politischen Inhalt bekam. Das kärgliche, reglementierte DDR-Leben acht Jahre nach

Kriegsende, abgeschnitten vom Marshallplan, reparationsgebeutelt, belastet von knapp einer Million Besatzungssoldaten, zusätzlich verschärft durch wenig durchdachte Normerhöhungen – es konnte keine Freude gewesen sein. Blitzschnell und dirigiert von West-Rundfunkstationen griffen Streiks und Demonstrationen von Ostberlin auf das ganze Land über. Die Volkspolizei war nicht mehr Herr der Lage, am Ende fuhr die sowjetische Armee auf und beendete noch am selben Abend den Straßenaufruhr. Für die SED war dieser im Großen und Ganzen unblutig verlaufene Tag ein Schock, ein Menetekel, und als sie wieder fest im Sattel saß, setzten Repressionen ein. An diesem Tag wurde die DDR-Staatspartei zwar nicht von ihrer Machtposition verdrängt, wirkungslos war er deshalb aber nicht. Er zwang sie in wesentlichen Bereichen zu einer Kursänderung.

Dieser Tag hat seine überragende Bedeutung im neudeutschen Gedächtniskalender vor allem deshalb bekommen, weil ein verordneter und selbst verordneter Tunnelblick der einzige ist, den offizielle Seiten bzw. Medien an dieser Stelle zulassen. Unsereiner erlaubt sich jedoch, auch bei diesem Anlass über den ostdeutschen Tellerrand hinauszuschauen. Denn einen Vorgang zu beschreiben heißt, ihn in seinem Umfeld zu betrachten. Was also tat am 17. Juni 1953 Frankreich in Indochina und Algerien? Was taten an diesem Tage die USA in Korea? Was tat Großbritannien in Rhodesien, Kenia und Nordirland? Was taten die Belgier im Kongo? Was tat Portugal in Angola und Mosambik? Zurückhaltend formuliert: Der demokratische Westen verübte am 17. Juni 1953 weltweit einen Totschlag ohne Zahl. Er unterdrückte Abermillionen Menschen gewaltsam, zwang sie in ein elendes Hungerdasein, beutete sie schamlos aus und ermordete jene, die sich dagegen zu Wehr setzten und um ihre nationale Befreiung kämpften. Die DDR-Regierung verurteilte diese Verbrechen aufs Schärfste und machte unmissverständlich klar, dass auch eine Beteiligung daran verbrecherisch wäre. Von dieser Erkenntnis war die BRD weit entfernt. Der Volksaufstand in der DDR und seine Niederschlagung nehmen sich dagegen geradezu winzig aus. Und wenn der Aufstand am 16. Juni ausgebrochen wäre oder am 18. Juni, würde dieses Urteil nicht anders ausfallen.

Was würde eigentlich die Polizei eines demokratischen Staates tun, wenn eine Menschenmenge sich durch die Straßen wälzt, Kaufhäuser plündert, Kioske anzündet, Polizisten verprügelt und damit beginnt, in Untersuchungsgefängnisse einzudringen und dort Gefangene zu befreien? Sicherlich war die Wiederherstellung von „Ruhe und Ordnung" nicht das einzig Bestimmende am 17. Juni 1953, aber es gehörte dazu.

Wie erstaunlich defensiv der Vorgang bei aller Gewaltdrohung in Berlin vonstatten ging, schilderte der Dramatiker Heiner Müller in „Krieg ohne Schlacht": „Dann kamen die Jugendlichen aus Westberlin [...] Als die Panzer auftauchten, merktest du bei den Russen deutlich das Zögern und dass sie eigentlich damit gar nichts zu tun haben wollten, die standen einfach da, und wenn da was passiert ist, dann war es ein Unfall. Da bin ich ganz sicher, die hatten offenbar keinen eindeutigen Befehl, die DDR-Polizei hatte sowieso Schießverbot von Ulbricht [...] von Brutalität war da keine Rede."

Dagegen das Zitat eines anderen Augenzeugen aus Berlin: „Da sind die sogenannten Barrikaden zu sehen, ein paar Kopfsteine und Bohlen weit unter der halben Höhe einer Brustwehr, offenbar nicht zu Kampfzwecken zusammengeworfen, sondern um die unbarmherzigen Verfolger für Minuten zu hindern. Dann wieder sieht man Polizisten, die über ruhig gehende Menschengruppen herfallen und drauflosschlagen; man sieht sechs Ordnungshüter, die mit der Lässigkeit des kraftbewußten Helden um einen Mann herumstehen, der blutend auf dem Pflaster liegt. Und man sieht schließlich – ein unvergeßliches Bild – drei verbindlich grinsende Polizisten, den Karabiner im Anschlag gegen die oberen Etagen eines Hauses. Sie erfüllen ihren blutigen Dienst mit der Heiterkeit von Kämpfern, die wissen, daß sie ohne Gegner sind und nur gelegentlich in ein paar Köpfe oder Beine schießen müssen, um ihren Krieg noch um einen Tag zu prolongieren."

Beide Zitate betreffen Berliner Ereignisse, das zweite allerdings nicht den 17. Juni 1953, sondern den 1. Mai 1929. So beschrieb Carl von Ossietzky (in der *Weltbühne*) jenen Tag zu Zeiten der Weimarer Republik.

Wir schlagen unserer ruhmreichen Aufarbeitungsindustrie vor, hier mal ein paar vergleichende Betrachtungen anzustellen. Wenn in diesen Kreisen die Vorstellung existiert, dass die Polizei eines demokratischen Staates zu jedem Verbrechen berechtigt ist, schrankenlos zuschlagen darf, die Polizei einer Diktatur aber nicht die öffentliche Sicherheit wiederherstellen darf, dann sollen sie so viel Mut zur Ehrlichkeit besitzen und das deutlich sagen.

Sicherlich kann man der Vorstellung folgen, dass ein demokratisch verfasster Staat das Recht besitzt, Machtmittel in härtester Weise einzusetzen, um sich zu schützen, ein Staat, der das nicht ist, eben nicht. Wer das glaubt, soll selig werden, denn dann hätten 99,9 Prozent aller jemals auf der Erde existierenden Staaten nicht das Recht besessen, sich und ihre Einrichtungen zu verteidigen.

Bei den Protesten rund um „Stuttgart 21" hatte die Polizei per Wasserwerfer einen Demonstranten um sein Augenlicht gebracht. Hätte es einen solchen Fall bei den DDR-Straßendemonstrationen im Wendeherbst gegeben, wie würden die Agitationsbrigaden der Aufarbeitung damit heute umgehen?

Angesichts des beachtlichen Ausmaßes und der geringen Opferzahl kann der Aufstand am 17. Juni 1953 als der unblutigste Aufstand der deutschen Geschichte angesehen werden. Natürlich abgesehen von der friedlichen Revolution 1989. Aber beide fanden in der sozialistischen DDR-Diktatur statt. Das müsste ihr zur Ehre gereichen. Man vergleiche, wie sich der Kapitalismus wehrt, wenn es ihm an den Kragen geht. Als die Klassengesellschaft sich zwischen 1936 und 1938 Spanien von den Sozialisten zurückeroberte, kostete das eine Million Menschen das Leben.

Dritte These: Die deutsche Einheit ist etwas Gutes, und die deutsche Teilung etwas Schlechtes

„Je größer die Worte, um so eher kann sich Fremdes in ihnen verstecken", schrieb der Philosoph Ernst Bloch einmal. Er hat diese Weisheit auf den Freiheits-Begriff gemünzt, aber auch der Begriff von der Einheit ließe sich hier einordnen.

Wie auch „Freiheit", ist „Einheit" in erster Linie positiv besetzt, es verbinden sich zumeist angenehme Vorstellungen damit. Das ist in der Geschichte fleißig ausgebeutet worden, und zwar von allen nur denkbaren Seiten. „Nimmer wird das Reich zerstöret, wenn ihr einig seid und treu", diese Kriegspropaganda-Parole des kaiserlichen Deutschlands ließen die Nazis 1933 auf ihre Wahlplakate drucken. Die Einigkeit hat viel für sich und macht auch was her: Einheitswert, Einheitsfront, Einheitspartei und nun eben auch die deutsche Einheit.

Immer mal wieder macht dieses Wort von sich reden, die staatliche Einheit der Deutschen ist Tatsache und ein Feiergrund. Am 3. Oktober 2015 wurde sie 25 Jahre alt, der nationale Budenzauber musste daher ein besonders gewaltiger sein. Im Zentrum standen dabei – es war nie anders und kann nicht anders sein – die 1990 aufgenommenen Bilder

Einheit D.

vom Tanz auf der Mauer wie auf den Wällen einer eroberten Festung.

Was aber wird da umtanzt und bejubelt? Was eigentlich sehen wir auf diesen Bildern? Wir sehen Menschen, die außerordentlich hohe Erwartungen an ihre Zukunft im Rahmen der staatlichen Einheit Deutschlands haben. Ob sich diese Erwartungen erfüllt haben, für wen sie sich erfüllt haben und für wen nicht, das zeigen diese Bilder nicht.

Eine geschichtliche Selbstverständlichkeit ist diese deutsche Einheit keinesfalls. In der mehr als tausendjährigen Reichsgeschichte der Deutschen war die Einheit der Nation die Ausnahme und die allerlängste Zeit für die Herrschenden überhaupt kein Begriff. Das unterscheidet Deutschland von anderen europäischen Nationalstaaten wie Frankreich, England, Spanien oder Russland, wo sich die Politik schon seit Jahrhunderten in einem „einheitlichen" staatlichen Gefäß vollzieht. Ob sich Deutschland dadurch eher schlecht oder vielleicht doch gar nicht so schlecht entwickelt hat, steht dahin. Richtig ist: Zwischen 1871 und 1945 hat es die staatliche deutsche Einheit gegeben, sie ist zuvor auch von den bürgerlichen Kräften angestrebt und von den regierenden adligen schließlich gewährt worden. Aber welche Folgen hatte diese deutsche Einheit für Deutschland und die Welt? Zwei von Deutschland ausgehende Weltkriege, Abermillionen Tote, Bürgerkriege und bürgerkriegsähnliche Lagen, wachsender Antisemitismus, die Faschisierung des deutschen Volkes, sechs Millionen ermordete Juden, zweimalige restlose Zerstörung der Landeswährung und schließlich Verlust von mehr als einem Drittel des Staatsterritoriums ... Als es mit der deutschen Einheit vorbei war, da war „deutsch" keine Nationalitätenbezeichnung mehr, sondern ein Steckbrief. Die Ergebnisse der deutschen Einheit lassen sich grauenvoller kaum denken – für ihre europäischen Nachbarn, aber auch für die Deutschen selbst.

Auf dieses schreckliche Kapitel folgte wieder eine Teilungsphase, der historische Normalfall, wenn man so will. Unter den wachsamen Augen der Besatzungsmächte entstanden zwei deutsche Staaten, die einander – zurückhaltend formuliert – nicht wohlgesonnen waren. Im Einklang mit der Historie stand dies allemal, die Deutschen konkurrierten schon immer miteinander nach Herzenslust, sie führten gegeneinander sogar Kriege. Der letzte Krieg, in dem Deutsche auf Deutsche schossen, liegt noch nicht allzulange zurück, es war der österreichisch-preußische Krieg 1866, in dem süddeutsche Staaten ihre Soldaten gegen die Preußen antreten ließen. Tausende Tote hat es dabei gegeben. Wann beginnt zu diesem Thema eigentlich die Aufarbeitung?

Jedenfalls: Die Deutschen lebten in Ländern, von denen die einen schon immer mehr nach Paris, Wien oder London blickten, die anderen schon immer mehr nach Moskau und St. Petersburg. Das Reich in der Mitte Europas war seiner geografischen Lage nach zu einem solchen Dualismus verurteilt. So gesehen war die Lage nach 1945 alles andere als ein Bruch.

Die erneute deutsche Teilung nach dem Zweiten Weltkrieg wurzelte in einem Punkt, in dem sich die Besatzungsmächte so einig waren wie in keinem zweiten: Das besiegte Deutschland sollte in Besatzungszonen verwaltet werden. Von hier aus ergab sich alles mit der Notwendigkeit eines Naturgesetzes. Denn weder war von der Sowjetunion zu verlangen, dass sie auf ihrem Zonengebiet die Herrschaft von Banken, Konzernherren und Junkern, d.h. ihren Todfeinden, wieder installiert, noch war von amerikanischen oder britischen Besatzungsbehörden zu erwarten, dass sie das Leben in ihren Zonen nach sozialistischen Grundsätzen organisierten. Das hätten sie nicht einmal dann vermocht, wenn sie es gewollt hätten.

Die Spaltung wurde demnach vorangetrieben – zunächst weniger offensichtlich von der östlichen, mehr von der westlichen Seite. Und auch wenn es die heutigen Geschichtsaufarbeiter nicht so gerne hören: Die Mehrzahl der maßgeblichen deutschen Politiker in den Westzonen nahm spätestens ab 1947 Kurs auf einen westdeutschen Separatstaat. Die deutsche Einheit war dem ersten Kanzler Adenauer keineswegs alles, sie war ihm nicht einmal viel. Mittels Währungsreform war zuvor der deutsche Osten pekuniär abgesprengt worden. Bundesrepublik und Bundeswehr wurden gegründet und gegen den Osten in Stellung gebracht, lange bevor Ostdeutschland vergleichbare Strukturen errichtete. Die Einheit war dahin, die Spaltung war perfekt und wurde 1961 mit dem Mauerbau auch äußerlich in aller Form festgelegt. Dem befreundeten Ausland war es allemal recht. „Ich liebe Deutschland. Ich liebe es so sehr, dass ich zufrieden bin, weil es gleich zwei Deutschlands gibt", schrieb der französische Schriftsteller François Mauriac und schuf damit die Jahrzehnte in Europa gültige Formel.

Was war nun die Folge der Spaltung? Eine geradezu unverdiente, nie dagewesene Positiv-Entwicklung setzte ein. Die Bundesrepublik wurde technologische Führungsmacht im Westen, die DDR im Osten. Der Lebensstandard der Westdeutschen war der höchste im Westen, der der DDR-Bürger immer noch im Osten. Beide Staaten wirtschafteten – in unterschiedlichen Graden – erfolgreich und waren bemüht, historische Schuld abzutragen. Es gelang der Bundesrepublik früher, der DDR etwas später, internationale Anerkennung zu erringen und als gleichberechtigter Partner in internationale Gremien einzuziehen. Die deutsche Spaltung war für eine solche Entwicklung sogar wichtig, um nicht zu sagen Voraussetzung, und hat sie vermutlich beschleunigt. Denn jede Nation hatte somit einen deutschen Staat, auf den sie sich positiv beziehen konnte. Beide deutsche Staaten lebten in Frieden mit ihren Nachbarn (wenn auch nicht unbedingt untereinander). Die Dinge ließen sich – alles in allem und gemessen an den Phasen davor – so ausgezeichnet an, dass 1990 das Bild der Deutschen in Europa und der Welt so gut war wie noch niemals in der Geschichte.

Diese hervorragenden Ergebnisse waren – man muss es an dieser Stelle unterstreichen – in der staatlichen Teilung entstanden, sie waren keineswegs Frucht einer deutschen Einheit. Wenn man sich also die Ergebnisse der deutschen Einheit vor Augen hält und sie mit denen der deutschen Spaltung vergleicht, liegt der Schluss nahe: Was auch immer 1990 für die Herstellung der deutschen Einheit gesprochen hat, die historischen Erfahrungen waren es ganz bestimmt nicht. Aus dieser Perspektive war sie sogar verantwortungslos, um nicht zu sagen: blanker Irrsinn.

Nun soll dieser Text natürlich kein Appell sein, die staatliche Einheit der Deutschen wieder aufzulösen. Ein historisches Gesetz, wonach die deutsche Einheit wieder gründlich schiefgehen müsse, weil sie zuvor gründlich schiefgegangen ist, gibt es nicht. Genauso wenig wie gesichert ist, dass eine getrennte Verwaltung auf ewig das Glück des deutschen Volkes garantiert hätte. Allerdings stünde hier den Deutschen Abgeklärtheit gut zu Gesicht.

Es lohnt sich, in diesem Zusammenhang auch die Rolle und das geschichtliche Bild des Reichsgründers Otto von Bismarck zu betrachten. Weder hat Deutschland den 200. Geburtstag Bismarcks im Jahr 2015 übersehen, noch hat ihm die Gedenkindustrie übertriebene Aufmerksamkeit geschenkt. Offenbar besteht kein Interesse, aus diesem Blickwinkel heraus die Ereignisse von 1990 als Bildung des „vierten Reiches“ zu verstehen. Nach wie vor sehr unentschieden ist der Blick auf Bismarcks Treiben und die Bewertung seines Lebenswerks – eben auch, weil es überraschend aktuelle Aspekte bietet.

Eiserner Kanzler, Erfinder des Sozialstaats, Architekt der stärksten Industriemacht Europas, „Vater der deutschen Einheit" – nach all dem, was Otto von Bismarck ans Revers geheftet wurde, müsste er eigentlich als ein schillernder Vorläufer der „Wiedervereinigung" 1990 gelten, würden da nicht einige Schönheitsfehler das harmonische Bild stören.

Das deutsche Kaiserreich, die sich anschließende Weimarer Republik und die Nazidiktatur vollzogen sich im Gefäß der von Bismarck geschaffenen deutschen Einheit. In unterschiedlichen Graden endeten sie alle in Katastrophen. Was in der Phase der deutschen Einheit verbrochen wurde, das musste und konnte nach 1945 in der Phase der deutschen Spaltung zumindest teilweise geheilt, bereinigt, gesühnt, korrigiert werden.

Sicher ist, dass Bismarck dies alles nicht voraussehen konnte und er es vielleicht auch nicht befürwortet hätte. Für Letzteres kann es einen Beweis nicht geben. Oder man sieht die Äußerungen des späten Politikers als solchen an, sein Reich sei „saturiert", das heißt, so abgerundet und vollgefressen, dass es keiner Erweiterung bedürfe. Ferner lässt sich in den historischen Tatsachen auffinden: Bismarck war im Schlechten wie im Guten „alte Schule". Als die dominierende bürgerlich-liberale Staatsauffassung in die imperialistische überging, war für einen Mann wie ihn auf der deutschen Kommandobrücke kein Platz mehr.

Dass er ein Gegner der danach einsetzenden Entwicklung gewesen wäre, müsste man zu seinen Gunsten annehmen, es gibt aber auch Anlass, etwas anderes in Betracht zu ziehen. Ein Mann wie Bismarck sei „nur zu gebrauchen, wenn das Bajonett schrankenlos waltet", schrieb König Friedrich Wilhelm IV. in eine Personalakte, wie wir heute sagen würden. Kriege führte Kanzler Bismarck auf eigene

Faust, rücksichtslos und wohlerwogen. Seine verhältnismäßig leichten Siege über Dänemark (1864), Österreich (1866) und Frankreich (1870/71) verfehlten ihre Wirkung genauso wenig wie die sie begleitende rhetorische Kaftmeierei. Sie stärkten bei der politischen Nachkommenschaft die leichtsinnige Überzeugung, das werde einfach immer so weitergehen, Deutschland werde auch weiterhin spielend militärische Siege erringen und seine Soldaten würden „Weihnachten wieder zu Hause sein", wie im Herbst 1914 geglaubt wurde.

Bis auf den heutigen Tag ist umstritten, ob es die Traditionslinie Friedrich – Bismarck – Hitler gibt oder ob das nicht eher eine Konstruktion des Auslands (in der bismarckschen Diktion: „von Reichsfeinden") oder von Sozialisten („vaterlandslosen Gesellen") ist. Dazu der Berner Theologe Karl Barth: „Die Linie Friedrich II. – Bismarck – Hitler wurde nicht außerhalb Deutschlands, sondern in Deutschland selbst entdeckt und geltend gemacht und hier nicht von Gangstern, sondern [...] von den tüchtigen Deutschnationalen vor allem und also von den berufenen Hütern und Deutern der friederizianischen und bismarckisch-wilhelminischen Tradition. [...] Hier ist sie von den geeichten Historikern beredt oder mindestens schweigend anerkannt worden." Mit anderen Worten: Die deutschen Linken haben irgendwann begonnen, an diese ihnen vorgesetzte Linie ebenfalls zu glauben. Und wer mochte an ihr noch zweifeln, als 1933 der „Tag von Potsdam" die Nacht über Deutschland einläutete?

Einen zweiten Grund dafür, dass Bismarck heute eher mit Zurückhaltung betrachtet wird, stellt das innerdeutsche Ost-West-Thema dar. Fürst Bismarck stand für ein innenpolitisches Kräfteverhältnis, in dem der Osten Deutschlands die westlichen Landesteile demütigen und kommandieren konnte. Heutzutage gilt mehr oder weniger das Gegenteil, der von Bismarck verachtete und verspottete Rheinbund hat inzwischen seine Macht über ganz Deutschland ausgedehnt und will nicht so gern erinnert sein an eine Zeit, in der Bismarck von der „fauligen Gärung süddeutscher Zuchtlosigkeit“ sprach.

Wer bei Bismarck ein originäres Interesse an der staatlichen Einheit Deutschlands vermutet, der irrt. Zu dieser Einheit ging er lange Zeit auf Distanz, er gedenke nicht, „unsere preußische und egoistische Politik mit dem räudigen Hermelin des deutschen Patriotismus aufzuputzen“. Vielmehr war es die Stärkung Preußens, auf die es dem Kanzler ankam. Dass dieses Preußen mit der Kaiserwürde und der faktischen Unterwerfung aller west- und süddeutschen Reichsfürsten sein Endstadium erreichen würde, wäre ihm wohl nicht in den Sinn gekommen.

Von aktuellem Gewicht ist Bismarcks Haltung zu Russland. Auf die Frage, ob er mehr westlich orientiert sei oder mehr russisch, antwortete Bismarck stets, er sei preußisch. In seiner Regierungszeit fand eine weitgehende Verständigung mit Russland statt, was ihm postum auch ein paar freundlichere Einschätzungen in der späten DDR eingetragen hat. Bismarck ließ sich jedenfalls nicht in eine antirussische Frontstellung drängen.

Das Verhängnis nahm seinen Lauf, als Kaiser Wilhelm II. unmittelbar nach der Entlassung Bismarcks den Rückversicherungsvertrag mit Russland kündigte und damit das Reich im Osten in die Reihe der Gegner Deutschlands trieb. In seinem politischen Testament, gerichtet an den Kaiser, hatte Bismarck geschrieben: „werde ich Eure Majestät [...] niemals zu etwas anderem raten als zu sorgfältigsten Beziehungen zu Russland“.

Vierte These: Die DDR war ein dunkler Punkt der deutschen Geschichte

Ein Vierteljahrhundert ist ein günstiger Abstand, um eine historische Epoche zu bewerten. Der Mensch schaut mit dieser zeitlichen Trennung klarer auf die Vergangenheit, er sieht viel mehr als etwa der von irgendwelchen Tagesparolen und Erregungen umtoste und eingenebelte Zeitgenosse geschichtlicher Umbrüche. In einem solchen Zeitabschnitt hat sich Wichtig von Unwichtig getrennt, man kann den Roman beiseite legen und zur Geschichte übergehen, um ein Wort von Napoleon Bonaparte abzuwandeln.

Die vor 25 Jahren in ihr Endstadium taumelnde DDR war eine glückliche Phase der deutschen Geschichte. Das steht im Widerspruch zu den Thesen des zeitgenössischen Aufarbeitungszirkus. Es steht nicht im Widerspruch zu Mauer und Staatssicherheit, zu Diktatur und Wehrkundeunterricht. Es steht auch nicht im Widerspruch dazu, dass dieser Staat Opfer gefordert hat und es in ihm Unrecht gab. Will jemand behaupten, in den glücklichen Phasen der französischen Geschichte hätten alle Franzosen Glück gehabt? Hat es in Frankreich kein Unrecht gegeben, keine Opfer und keine Verlierer? Das wäre ein absurdes Kriterium und kann auch nicht im Ernst auf die DDR angewendet werden.

Aus drei Gründen war die DDR-Zeit eine glückliche Phase der deutschen Geschichte. Zum Ersten: Solange es die DDR gab, lebten die Deutschen in Frieden mit sich und ihren Anrainern. Zumindest nicht im Krieg. Die notorischen kriegerischen Feindschaften waren mit den vier DDR-Jahrzehnten abgeschafft, die Deutschen überfielen niemanden und wurden von niemandem überfallen. Das hebt die Jahre zwischen 1949 und 1990 heraus und hebt sie ab von der Zeit davor und danach. Wird das durch Wehrkunde und Wehrpflicht relativiert oder gar widerlegt? Ganz im Gegenteil. Mit durchschlagendem Erfolg befolgte die DDR einen uralten römischen Staats- und Verteidigungsgrundsatz: „Si vis pacem para bellum“ (Wenn du den Frieden willst, sei kriegsbereit). Die DDR-Jahre waren europäische Friedensjahre, ihre Politik war Friedenspolitik. Christen könnten es einen Fingerzeig Gottes nennen: Wenige Monate nachdem die DDR sich in die Geschichte zurückgezogen hat, ist der Krieg nach Europa zurückgekehrt.

Zum Zweiten: Es gelang der DDR aus einer verzweifelt zu nennenden Situation heraus, einer Situation, die um ein Vielfaches komplizierter war als die bestimmt nicht einfache Nachkriegslage in den deutschen Westgebieten, eine achtbare wirtschaftliche Entwicklung zu nehmen und ihren Bürgern zu einem bescheidenen Wohlstand zu verhelfen. Gemessen an den Verhältnissen in Westdeutschland war dieser Wohlstand ein bescheidener, im Vergleich zu Westeuropa konnte er sich aber sehen lassen. Ganz zu schweigen von den weltweiten Maßstäben. Das gelang trotz des enormen Gründungsnachteils, dass die maßgebende Sieger- und Besatzungsmacht in Westdeutschland mit den USA eine superreiche war, im Osten dagegen mit der Sowjetunion eine bettelarme. Und es gelang, obwohl die DDR ungeheure Verluste an Fachpersonal, durch Patentraub und Ähnliches erlitt. Auch wenn es dem heutigen journalistischen Mainstream darum zu tun ist, die Begriffe DDR und Mangel zu verlinken: Die technische Ausstattung der DDR-Haushalte 1989 rechtfertigt den Mangelvorwurf jedenfalls nicht. Auch wenn zu keinem Zeitpunkt das DDR-Kaufhallenangebot mit dem des westdeutschen „Supermarktes“ konkurrieren konnte: Ab den 60er Jahren war kein DDR-Bürger an einer vielseitigen und gesunden Ernährung gehindert.

Der dritte Grund, weshalb die DDR-Jahre glückliche Jahre genannt zu werden verdienen: Dieser Staat hat seinen

Beitrag dazu geleistet, dass das abgrundtief schlechte Bild vom Deutschen und von Deutschland, wie es 1945 weltweit Gemeingut war, sich relativ rasch und tiefgreifend verbesserte. Dass viele Westdeutsche diesen Beitrag nicht kennen und sich auch nicht dafür interessieren, steht auf einem anderen Blatt.

Aller einseitigen, hämischen und gehässigen Betrachtung der jüngsten Geschichte zum Trotz bewahrt sich bis heute der größte Teil der einst in der DDR Lebenden ein positives Bild von diesem Staat. Der Leiter der Unterlagenbehörde Roland Jahn ist inzwischen dazu übergegangen, diesen Umstand in seine Argumentation einzubeziehen. Er räumt ein, dass es auch positive Erlebnisse in der DDR gegeben habe, doch sei das eben nicht wegen der SED-Herrschaft, sondern trotz dieser Herrschaft so. Jahn gerät mit dieser Auffassung in ein logisches Dilemma. Denn wenn er der SED (übrigens zu Recht) Allmachtswahn vorwirft, dann war sie eben auch für alles zuständig und verantwortlich. Für das Schlechte wie für das Gute.

Fünfte These: Die Mauer gehört zum Schrecklichsten, was die deutsche Geschichte zu bieten hat

Ferienarbeit im Lokomotivbaubetrieb LEW Hennigsdorf Mitte der 70er Jahre. Ich bin 14 Jahre alt und kann mir drei Wochen lang in der Abteilung Zaunfertigung mit stupiden Handlangertätigkeiten Geld verdienen. In der Frühstückspause sitze ich gemeinsam mit Schulkameraden vor der Halle, am Ufer der Havel und esse meine Currywurst. Ein paar Meter hinter dem anderen Ufer verläuft die Grenze zu Westberlin. Davor, direkt an der Wasserkante, laufen die Hunde an ihrer Kette und dem Hundelauf. Jeder Köter hat einen Abschnitt zu bewachen. Einmal am Tag fährt ein Boot der Grenztruppen vorbei. Die Soldaten schmeißen den jaulenden Biestern Fleischbrocken hin. Sonntags müssen sie fasten, da sind sie dann besonders scharf, erzählen uns die Arbeiter.

Jeden Donnerstag kommt von Westberlin ein Hubschrauber angeflogen. „Das ist der Franzose", sagen die Arbeiter. Der Hubschrauber dreht eine Runde über das Werk und über das Industriestädtchen Hennigsdorf und fliegt wieder nach Hause. „Aber er verletzt unsere Grenze, warum wird er nicht abgeschossen?", fragen wir Jugendlichen. „Abgeschossen wird er eigentlich selten", lautet die Antwort.

Ja, es war skurril, monströs, heute unvorstellbar, in Einzelfällen auch mörderisch, was sich mit der Berliner Mauer verband, deren Bau im August 1961 begann. Kann das aber eine Rechtfertigung dafür sein, dass sich bis zum heutigen Tag in den gängigen Medien bei diesem Thema vorwiegend Erregtheit, aber kaum eine sachliche Einordnung dieses Vorgangs findet?

Es stimmt, dass sich vieles anführen lässt, was gegen die Berliner Mauer spricht – bei all dem aber war sie keineswegs das Schlimmste, was die deutsche Geschichte zu bieten hat, und man sollte auch zum „Jubiläum" nicht wieder so tun. Mit den wirklichen nationalen Katastrophen wie Krieg, Hunger, Währungsvernichtung, schlimmster Entbehrung, Vertreibung von Millionen und Faschismus hat die Mauer nichts zu tun, da reicht sie mit ihrem Negativ-Potenzial nicht im Entferntesten heran. Zur Zeit des Mauerbaus und auch in der Zeit ihrer Existenz geschahen auf der Welt die fürchterlichsten Dinge, nicht aber in Deutschland. Ob und inwieweit es die Mauer war, die hier das Schlimmste verhindert hat, darüber lässt sich natürlich streiten.

Der Mauerbau stoppte das Ausbluten der DDR. Die offene Grenze hat diesen Staat 100 Milliarden Dollar gekostet,

2 Millionen Menschen waren in den Westen gegangen. Es gab 1961 zehn Prozent weniger Ärzte als 1949. Dabei hatte die DDR zur gleichen Zeit 20 000 Ärzte ausgebildet. Sie gingen praktisch alle – dorthin, wo das große Geld winkte. Das war eine Situation, die der Gutwilligste nicht mehr hinnehmen konnte. Von zehn DDR-Bürgern war zuvor einer in den Westen übergesiedelt. Aber die neun anderen waren noch da, und viele von ihnen wollten nicht länger ein Fass ohne Boden befüllen. Deshalb gab es 1961 bei einem nicht geringen Teil der DDR-Bevölkerung auch Zustimmung zur Abriegelung. Das blieb natürlich nicht ewig so. Wie sich am Ende herausstellte, konnte die DDR ohne die Mauer ebensowenig existieren wie mit ihr.

Es hat an der Berliner Mauer in 28 Jahren 136 Tote gegeben. In etwa also so viele wie das Starfighter-Abenteuer der Bundesluftwaffe Opfer verlangte (das waren 116 Tote). 25 Menschen wurden in Berlin von westlicher Seite aus erschossen. Wenn man die von der Zahl der Mauertoten noch abziehen muss, dann sind im Kampfflugzeug, genannt „Witwenmacher", mehr Menschen verbrannt, als an der Berliner Mauer erschossen worden sind. All das ist zutiefst zu bedauern, jeder einzelne verlorene Mensch ist das. Doch welches Gewicht man diesen schlimmen Ereignissen auch beimisst – dabei lässt sich nicht ausklammern, dass diese Mauer nicht einfach eine x-beliebige Grenze war. Sie war die Trennlinie zweier einander feindlich gesinnter Weltsysteme in Zeiten der atomaren Bedrohung. An eine solche Grenze kann man nicht dieselben Maßstäbe anlegen wie an die zwischen Frankreich und der Schweiz.

Mit dem Fall der Berliner Mauer 1989 wurde eine bedrohliche Situation nicht beseitigt, sondern lediglich verschoben – rund 100 Kilometer nach Osten. Die deutsche Ostgrenze wurde EU-Außengrenze. Während es an dieser Grenze (der DDR zur Volksrepublik Polen) 40 Jahre lang keine Toten gab, wurden von brandenburgischen, sächsischen und vorpommerschen Behörden seit 1990 mindestens 150 Leichen festgestellt. Dabei sind sich die Behörden der Tatsache sehr wohl bewusst, dass die meisten Toten gar nicht gefunden werden, weil die Wasser der Neiße/Oder sie in die Ostsee spülen. Der Todesstreifen in Berlin wurde beseitigt, der Todesstreifen entlang der Oder geschaffen.

Für die Westdeutschen war die Mauer eine Unbequemlichkeit, eventuell noch ein Kostenfaktor, denn sie mussten zwangsweise Geld umtauschen, wenn sie in die DDR einreisen wollten. Dennoch war es für nicht wenige attraktiv, sich auf diese Weise Zugang zu Ostberliner Diskotheken zu verschaffen und ein „Mädchen aus Ostberlin" abzuschleppen. Jürgen Angelow hat in seinem Buch „Entsorgt und ausgeblendet" darauf aufmerksam gemacht, dass das gleichnamige Lied von Udo Lindenberg mehr westdeutsche Männerfantasien bedient hat, als dass es ein deutsch-deutsches Sehnsuchtslied gewesen wäre.

Für die Ostdeutschen bedeutete die Mauer weit mehr als eine Unbequemlichkeit, mit ihrem Bau am 13. August 1961 begann eine herbe Einschränkung ihrer Bewegungsfreiheit, sie genossen Richtung Westen keine Freizügigkeit (auch wenn zwischen 1961 und 1989 fast eine halbe Million Ausreiseanträge bewilligt wurden). Das muss man wirklich nicht loben, aber es wäre sachlich, diese Situation als Folge des verlorenen Krieges wenn nicht zu akzeptieren, so doch wenigstens zu interpretieren.

Die frenetische Freude über den Fall der Mauer hatte den bitteren Beigeschmack, den jeder blutige Taumel haben muss. Wenige Tage nachdem die Mauer gestürmt wurde und gefallen war, ist der Krieg nach Europa zurückgekehrt. Solange die Mauer existierte, hatte der Krieg Europa verschont. Es schien, als hätte er nur auf den Fall der Mauer gewartet, um erneut sein Mörderhaupt über dem Kontinent erheben zu können. Auch wenn es den meisten schwerfällt, die Wahrheit in diesem Punkt zu akzeptieren: Neben vielem anderen war die Berliner Mauer auch ein Symbol für den innereuropäischen Frieden.

Zur Einordnung der Berliner Mauer gehört auch dies: Die politischen Umstände, welche den Fall der Mauer ermöglichten, haben eben nicht Grenzen beseitigt. Das war nur in Deutschland so, Deutschland war die einzige Ausnahme von der Regel. 1989/90 wurden jede Menge neuer Grenzen geschaffen, Grenzen, die es nie zuvor gab: In Jugoslawien, in der Sowjetunion, zwischen Tschechien und der Slowakei. Die Jahre 1989/90 haben nicht in erster Linie Mauern niedergerissen – sie haben Mauern hochgezogen.

Richtig: Eine Mauer wie die vom Schlage der Berliner war nie etwas anderes als monströs. Eine solche Anlage wirkt von keiner Seite schön, sei sie bemalt oder nicht. Zwang und Bedrohung werden nicht auf Dauer eine positive Grundstimmung erzeugen. Vielleicht aber kann man sich am Jahrestag ihrer Errichtung dennoch unaufgeregt der Frage zuwenden, ob nicht das eine oder andere gute Haar an diesem übel beleumdeten Bauwerk gelassen werden kann.

Wenn von den positiven Wirkungen der Mauer zu sprechen ist, dann natürlich in dem Wissen, dass die Architekten der Mauer diese fast alle nicht im Sinn hatten, auch weil sie oft genug gar nicht absehbar waren. Im gesellschaftlichen Leben ist es wie im privaten: Man kann Pläne schmieden und Dinge zielgerichtet anschieben – was am Ende dabei herauskommt, steht fast immer auf einem anderen Blatt. Wie Bertolt Brecht von den zwei Plänen dichtete: „gehn tun sie beide nicht ..."

Der Mauerbau entschärfte eine gefährliche Lage im Zentrum Europas. Auf Kosten der Ostdeutschen. Was 1961 eine weitere Destabilisierung der DDR mit 600 000 sowjetischen Soldaten im Land hätte bedeuten können, musste zum Glück niemand erfahren. Der Preis für diese „Stabilität" war der Mauerbau, und er war hoch, sicher. Was aber Schreckliches dabei oder danach geschah – es hielt sich (in doppeltem Sinne) in Grenzen.

Die Mauer war zudem eine Bestandsgarantie für Westberlin. Das versteht heute nur noch, wer sich die damalige Angst vergegenwärtigt, die Russen würden einfach mal über die Straße des 17. Juni oder die Heerstraße einmarschieren und die Amerikaner nicht so blöd sein, für die paar Westberliner „Krauts" den dritten Weltkrieg zu riskieren. Mit der Mauer war diese Befürchtung gegenstandslos, denn niemand wird eine Stadt, die er erobern will, zuvor noch mit einer Mauer umgeben. Westberlin fühlte sich danach sicher, konnte mit seinem Fernsehsender SFB weiter via Wetterbericht dem Revanchismus Zucker geben und Deutschland in den Grenzen von 1937 präsentieren. Jahrzehntelang jeden Abend. (Man fragt sich beiläufig, wann dieser Sender, bzw. seine Nachfolgeorganisation rbb, dafür endlich einmal um Entschuldigung bittet.)

Die DDR-Bürger waren die Leidtragenden des Mauerbaus, denn in erster Linie richtete sich diese Absperrung gegen sie. Weniger gegen die Westdeutschen (die ja nach ein paar Stockungen weiter hin- und herfahren konnten). Es wäre mithin viel von Ex-DDR-Bürgern verlangt, positive Gefühle gegenüber der Mauer zu hegen. Und doch bestand punktuell Grund dazu, keineswegs unter allen Gesichtspunkten waren die Ostdeutschen Leidtragende. Ein schillerndes Beispiel: Die Contergan-Katastrophe in der Bundesrepublik. Die bewachte Grenze verhinderte, dass sie auch die DDR infizieren konnte. Ihr Zentraler Gutachterausschuss für den Arzneimittelverkehr hatte das Präparat abgelehnt. In der Bundesrepublik kamen Tausende verkrüppelte Kinder zur Welt, in der DDR nicht.

Noch eindrucksvoller bewährte sich die Mauer als cordon sanitaire im Fall der Immunschwächekrankheit Aids. Die neuen Bundesländer stehen in der (seit 1983 geführten) Todesstatistik deswegen so weit hinten, weil die DDR ihre Bürger erfolgreich schützen konnte. In der Bundesrepublik gab es knapp 15 000 Aids-Tote, in der DDR ein paar Dutzend. Das lag nicht allein an der Mauer, sondern auch am zentralistisch organisierten DDR-Gesundheitswesen, das auf Aids viel effektiver reagieren konnte als das bundesdeutsche. Legt man die Werte der westdeutschen Flächenländer zugrunde, dann hätte Ostdeutschland ohne Mauer und DDR 3000 bis 4000 Aids-Tote gehabt. Diese Menschen haben überlebt.

Die Mauer hat verhindert, dass die Zustände der Bundesrepublik sich in der DDR breitmachen konnten. Übrigens auch ihre Zustände auf dem Gebiet des Verbrechens. Die DDR wurde von der UNO zu den zehn Staaten mit der geringsten Kriminalitätsbelastung der Erde gezählt. Die Rate für Mord und Totschlag der Bundesrepublik lag mindestens um das Doppelte, eher aber um das Dreifache über den vergleichbaren DDR-Werten. Niemand kann diese Dinge sicher berechnen, aber man kann mit Fug und Recht behaupten, dass mehrere tausend Menschen zusätzlich ermordet worden wären, wenn die bundesdeutschen Verhältnisse schon 1961 auf das Gebiet Ostdeutschlands vorgedrungen wären. Dass dies eben nicht geschah, muss man wohl oder übel auch ein Resultat der Mauer nennen.

Wenn von den Vorteilen der Mauer-Zeit die Rede sein soll, dann doch von den für diese geschichtliche Phase entscheidenden Dingen. Erstens: Die Mauer war ein Symbol des innereuropäischen Friedens. Solange sie stand, hat der Krieg um Europa einen Bogen gemacht. An dieser Stelle ist Willy Brandt recht zu geben: „Frieden ist nicht alles, aber ohne Frieden ist alles nichts.“ Zweitens: Beiden deutschen

Staaten gelang es im Schatten der Mauer, in ihren jeweiligen Bündnissystemen für die eigenen Bürger den höchsten Lebensstandard zu erklimmen. Mit Blick auf die Ereignisse vor 1945 muss man das wohl unverdient nennen. Und schließlich drittens: Während der Mauer-Jahre schafften es beide deutsche Staaten, das Bild vom schrecklichen Deutschen in den Hintergrund zu drängen und sich einen anerkannten und gleichberechtigten Platz auf der internationalen Bühne zu verdienen. Sowohl die BRD als auch die DDR taten dies, jeder auf seine Weise. Es hat mithin in der deutschen Geschichte schrecklichere Zeiten gegeben als die der Mauer.

Die Mauer hat etliche Quadratkilometer innerstädtisches Terrain gefressen, viel Land, das ohne sie vor 50 oder 60 Jahren einfach stadtpolitisch verbraucht worden wäre. Inzwischen ist Behutsamkeit Trumpf, angesichts einer Freifläche rollt nicht gleich der Betonmischer an. Die Mauer hat das grüne Band hinterlassen, das sich heute durch Berlin und um den Westteil der Stadt zieht. Dieses Band ist ihr eigenes ziviles Denkmal, eine Art Abschiedsgruß. Es könnte Anlass sein, zu einem versöhnlichen Ende zu finden. Denn bei allem Verwerflichen: Der Vorgang „Mauer“ ist doch im Großen und Ganzen friedlich abgelaufen. „Doch“, um es wieder mit Brecht zu sagen, „die Verhältnisse, sie sind nicht so.“

Sechste These: Den ostdeutschen Rentnern geht es heute besser als zu DDR-Zeiten

„Was jedermann weiß, ist meistens falsch“, schrieb der amerikanische Schriftsteller John Steinbeck in seinem Roman „Geld bringt Geld“. Als Beispiel wählte der Autor dieses lesenswerten Buchs die Vorstellung, Kinder bräuchten zum

Einschlafen „Ruhe". Tatsächlich schlafen Kinder bei sonoren Geräuschen viel besser, wirkliche Stille macht ihnen eher Angst.

Eine Perle solcher unsterblichen Weisheiten ist die immer wieder unterstrichene Vorstellung, es würde ostdeutschen Rentnern heute „besser" gehen als zu DDR-Zeiten. Angesichts der zunehmenden Altersarmut weiß die *Super-Illu:* „Aber so schlimm, wie es den DDR-Rentnern erging, kann es kaum werden." Und Bundespräsident Joachim Gauck verriet der *Bild-Zeitung:* „Der größte Teil der Rentner ist heute – auch im internationalen Vergleich – recht umfassend abgesichert."

Kindlicher Schlaf ist hier Voraussetzung, und für viele gibt es als Rentner ein böses Erwachen. Hatte der Bundespräsident bei seiner Bemerkung die ihn umschwänzelnden Beamten im Blick? Die haben für ihre „umfassende Absicherung" freilich gesorgt, aber den ostdeutschen Rentner kann Joachim Gauck nicht gemeint haben. Dessen finanzielle Kraft und dessen Mobilität sind heute wesentlich geringer als zu DDR-Zeiten.

Das ist beweisbar an der Frage, was der Durchschnittsrentner jeweils mit seiner Pension anfangen konnte, in welchem Verhältnis sie also zur Kaufkraft und zum soziokulturellen Angebot stand bzw. steht.

Der heutige Durchschnittsrentner in Brandenburg bezieht eine Monatsrente von 780 Euro. Mit diesem Geld kann er die Miete für seine kleine Wohnung bezahlen und alles, was damit zusammenhängt (500 Euro). Er kann essen und vielleicht das deutsche Zwangs-Pay-TV finanzieren. Dann sind die 780 Euro weg. Er hat in diesem Stadium weder den Strom bezahlt noch das Telefon. Er hat sich buchstäblich nichts gegönnt. Er ist lediglich aus dem Haus gegangen, um sich etwas zu essen zu holen, und seine Rente ist aufgebraucht. Das Einkommen des Durchschnittsrentners entspricht den Aufwendungen, die der deutsche Staat für einen Sozialhilfeempfänger übrig hat.

Blick auf die DDR: Die Durchschnittsrente für den DDR-Rentner betrug in der zweiten Hälfte der 80er Jahre 472 Mark (Männer: 526 Mark, Frauen: 418 Mark). Natürlich war sie in Wirklichkeit fast 100 Mark höher, weil eine Reihe von Zusatzsystemen gegriffen hat, aber wir wollen uns ja nicht dem Vorwurf der „Idealisierung" aussetzen und bleiben beim Grundangebot 472 DDR-Mark. Davon zahlte der DDR-Durchschnittsrentner 30 Mark Miete, 20 Mark für Strom und Wasser, allenfalls 100 Mark für Lebensmittel, 5 Mark für seine Kohlen (übers Jahr gerechnet). 155 Mark kosteten ihn also die „Essentials". Ihm blieben noch 317 DDR-Mark, das heißt fast zwei Drittel seiner Rente. Was konnte er mit diesen 317 Mark anfangen? Er konnte dreimal quer durch die DDR mit der Eisenbahn zu seinen Enkeln fahren (ermäßigt zusammen 25 Mark), fünfmal ins Kino gehen (zusammen 10 Mark), sich drei Gaststätten-Essen leisten (mit Getränk 15 Mark), drei Bücher kaufen (12 Mark), fünf Skat- und Bierabende mit seinen Freunden veranstalten (zusammen 12,50 Mark), einmal das Auto betanken (30 Mark), seiner Gattin einen Blumenstrauß schenken (3 Mark), sich eine Hose kaufen (neu, wenngleich nicht schick: 30 Mark). Dann konnte er immer noch dreimal ins Theater gehen (für ihn als Rentner zusammen 10 Mark), er konnte einem Kegelverein angehören und einem Briefmarkenverein (beides für ihn kostenlos oder praktisch kostenlos). Er konnte sich seine Medikamente holen (keine Zuzahlung). Er konnte zwei Tageszeitungen halten und 4 Zeitschriften (zusammen 15 Mark). Und die DDR ermöglichte den meisten ihrer Bürger sogar den gebührenfreien Empfang von Westfernsehen. Der DDR-Rentner hätte Leser der Deutschen Bücherei Leipzig und gleichzeitig der Berliner Staatsbibliothek sein können (je eine Mark Jahresbeitrag). Seine Rentenhöhe und die

Preisstruktur der DDR ermöglichten ihm ein erfülltes und kommunikatives Leben, sofern er das in Anspruch nehmen wollte.

All dies hätte ihn zu seinen 155 Mark für die Grundbedürfnisse weitere knapp 140 DDR-Mark gekostet. Damit wäre seine Rente immer noch nicht ausgegeben gewesen, er hätte dann immer noch über 150 Mark für Reparaturen, Geschenke, Sonderausgaben, eventuelle Urlaubsfahrten übrig gehabt.

Würde der heutige Durchschnittsrentner dieses Programm der Vielfalt durchziehen wollen, müsste er eine doppelt so hohe Rente beziehen (also mindestens 1500 Euro). Die Blumen sind geschenkt. Richtig, das Fernsehgerät, vor dem er einsam verdämmern darf, das ist heute billiger. Irgendetwas wird da schon zappeln. Und wenn der brandenburgische Durchschnittsrentner nicht gestorben ist, dann kann er ja immer noch selbst das Licht ausmachen.

Richtig, der Zustand der damaligen Wohnungen war nicht der heutige, er war auch oft genug schlecht. Richtig, damals gab es für die meisten kein Telefon. Und bei einer Reise in das westliche Ausland ist es unerheblich, ob der heutige Rentner kein Geld in der Hand hält oder Geld in einer für den Westen kuriosen Währung wie der DDR-Rentner.

Fazit: Der ostdeutsche Durchschnittsrentner lebt auf Sozialhilfeniveau. Dem DDR-Durchschnittsrentner war ein erfülltes Leben auf hohem sozialen und kulturellen Niveau möglich. Bleibt an dieser Stelle der Rat für die deutsche Aufarbeitung, nicht nur die seither erlebten Verbesserungen, sondern auch die eingetretenen massiven Verschlechterungen in ihre Betrachtung einzubeziehen.

Siebte These: Ostdeutschland war zu DDR-Zeiten eine Nischengesellschaft

Zu den merkwürdigsten Erlebnissen, die der Mensch mit den Texten der deutschen Heldensagen hat, gehört ihre dreiste Missachtung historischer Gegebenheiten. Man würde ja hinnehmen, wenn der erzählte Stoff geschichtliche Tatsachen verzerrt, verdreht oder veralbert, aber nicht selten war das Gegenteil dessen wahr, was die Sage über Nibelungen, Hunnen oder Goten so anbietet. Das selbstgefällige Abwinken des heutigen Zeitgenossen wäre übrigens fehl am Platze. Dergleichen Züge sind auch in der jüngsten Vergangenheit aufzufinden, denn als beispielsweise die US-Amerikaner ihre Niederlage im Vietnamkrieg zu verkraften hatten, mussten sie „Rambo" erfinden, der diese Demütigung vor den Augen der Volksfantasie wenigstens filmisch in einen Sieg zu verwandeln hatte. Ein weiteres schillerndes Beispiel: Anfang der 60er Jahre wurde die vielleicht größte Katastrophe der Geheimdienstgeschichte offenbar. Kim Philby, der Verbindungsmann zwischen dem britischen Secret Service und der CIA (er stand kurz davor, Chef des britischen Geheimdienstes zu werden), entpuppte sich als KGB-Spion. Tiefer kann diese Apparatur nicht stürzen. Umgehend tröstete sich der Westen mit der omnipotenten Kunstfigur James Bond über die vertrackte Wirklichkeit hinweg.

Die Sage und die heutige westliche Selbstimagination teilen etwas, was auch die neudeutsche Aufarbeitung charakterisiert: Es handelt sich um interessengelenkte Geschichtsbetrachtung. Sie entspringt dem Bedürfnis, der Erinnerung nicht etwa freien Lauf zu lassen, sondern sie zu gestalten. Und nichts ist dem so stark ausgesetzt wie die DDR. Zu den in diesem Zusammenhang am meisten irreführenden Behauptungen über sie gehört die von dem sozialistischen

Staat als „Nischengesellschaft". Das gilt umso mehr, als Ostdeutschland nach der politischen Wende etwas geworden ist, was es eben vorher nicht war, eine von Nischen durchsetzte Gesellschaft.

Wenn westdeutsche Publizisten vom langjährigen Bundestagspräsidenten Wolfgang Thierse behaupten, er habe sich in die Nische Akademie der Wissenschaften zurückgezogen, dann ist das genauso lachhaft wie die Vorstellung, Angela Merkel habe als DDR-Bürgerin in ihrer Nische Akademieinstitut überlebt. Denn die Akademie der Wissenschaften war keine Nische, kein von der SED unabhängiger Freiraum, sondern das Gegenteil davon. Nichts ist dort gegen den SED-Willen abgelaufen, die Ereignisse dort standen im Zentrum der politisch-ideologischen Aufmerksamkeit. Und inwiefern befand sich der gewöhnliche DDR-Bürger mit seiner Zugehörigkeit zu gewaltigen Wirtschafts- und Organisationsgebilden in Nischen?

Die Vereinzelung der Ostdeutschen, der massenhafte Rückzug in Nischen, begann 1990 mit der Zerschlagung der Industrie- und Agrarstrukturen der DDR sowie der ihrer politischen und gesellschaftlichen Organisationen. Das anspruchsvolle Zusammenspiel hochorganisierter Mechanismen auch in der fernsten Provinz wich der Vereinzelung, der Atomisierung. Jeder musste jetzt allein nach seiner Haut sehen, irgendwie eine private Lösung finden. Noch nie ist im Osten der Familienzusammenhang so unter Druck geraten wie in den Jahren nach 1990. Riesige Regionen wurden ins Mittelalter zurückgeworfen, in die atavistischen Nischen eines vor-industriellen Stadiums, wo Handwerk, Verwaltung, vielleicht noch Fremdenverkehr das Spiel bestimmen. Wo man nur noch fliehen konnte. Vor allem Frauen wurden millionenfach in die Nische des Haushalts zurückgedrängt. Die Kameradschaft und Solidarität der Seminargruppen an den Hochschuleinrichtungen der DDR wich dem Konkurrenzgehabe vereinzelten Strebertums im einsamen Studierstübchen. Die Nische ist zur Lebensform geworden.

Natürlich gilt das nicht immer und überall, es bewahren und verteidigen Menschen in solchen Umbrüchen Reste ihrer Lebensgewohnheiten, so gut es eben geht. Immer gibt es auch jene, die sich einem solchen Schicksal nicht beugen wollen. Kulturelle DDR-Zusammenhänge bleiben mitunter in informellen Gruppen erhalten, sie überdauern und werden vielleicht sogar in abgewandelter Form auf ihre Kinder übertragen. Hier dienen die Nischen Feuerwehr, Verein, Freundeskreis dazu, für den Einzelnen einen Sinn zu stiften, den das Leben sonst nicht mehr bietet. Auch müsste man ohnehin (das traf auch auf die DDR zu) individualistische Bestrebungen des Intellektuellen als gleichsam natürlich akzeptieren. Es gibt auch so etwas wie den Willen zur Nische.

Einen machtvollen Schlag, den vielleicht machtvollsten hin zur Vereinzelung einfacher Menschen, führte eine Entwicklung, die im eigentlichen Sinne niemand anordnete, die sich aber im Zuge der unternehmerischen Freiheit mit der Zwangsläufigkeit eines Naturgesetzes entfaltete: die Vernichtung der ostdeutschen Arbeiterkneipe. Sie ist in den Großstädten faktisch verschwunden. Männer aber, die sich nach der Schicht oder nach dem Sport in einer Kneipe treffen, leben niemals in Nischen, sondern in einem Sozialgefüge, das ihnen Austausch, Information, Selbstvergewisserung, Lebensgefühl, Streit, Versöhnung ermöglicht.

Wenn der Dramatiker Heiner Müller von der DDR-Arbeiterkneipe schrieb: „Es gehörte zur Politik der DDR, diese Milieus auszurotten [...] Und damit wurde auch das proletarische Milieu liquidiert“, dann aber bitte mit dem Hinweis, dass es diese Kneipen bis zum DDR-Ende überall und massenhaft gegeben hat. Was war die Grundlage? Das in der DDR-Kneipe gezapfte Bier kostete nur unwesentlich mehr oder genauso viel wie das in der Kaufhalle. Die DDR wollte sich – bei allen Vorbehalten – diese Struktur vermittels eines gigantischen Subventionsvorgangs leisten. Diese Subvention gibt es nicht mehr, Niedrigverdiener sind heute faktisch ausgeschlossen vom Kneipenbesuch. Ihnen bleibt, daheim einsam auf dem verschlissenen Sofa vor dem Fernsehprogramm zu verdämmern, das ihnen in seiner wohldosierten Erbärmlichkeit den Rest gibt.

Achte These: 1990 wurden die diktatorischen DDR-Bezirke abgeschafft und die demokratische Struktur der Länder wiedereingeführt

Das 25. Gründungsjubiläum der neuen Länder ist begleitet von der Grundvorstellung, dass sich 1990 der Volkswille durchgesetzt hat und mit der Länderbildung die „undemokratische" Gliederung in DDR-Bezirke abgeschafft worden ist. Historisch ist das nicht haltbar.

Denn Brandenburg wie die übrigen neuen Länder, die 1990 wieder gebildet wurden, sind allesamt eine Kreation von Generalissimus Josef Stalin, der die Neugliederung in Auftrag gab und absegnete. Auf demokratischem Weg erblickte sie keineswegs das Licht dieser Welt. 1945 hatte die sowjetische Besatzungsmacht eine Gliederung ihrer Zone vorgenommen und damit die Länder („Provinzen") Mecklenburg-Vorpommern, Sachsen-Anhalt, Brandenburg, Sachsen und Thüringen gebildet. Übrigens noch vor den meisten West-Ländern – so gesehen sind die „neuen" Länder älter als der Großteil der alten.

Im brandenburgischen Landtag sprach Grünen-Fraktionschef Axel Vogel wahrheitsgemäß davon, dass Brandenburg durch die „sowjetische Besatzung" gegründet worden war, wie er es formulierte. Damit seien die „Diktaturerfahrungen" nur kurz unterbrochen worden, denn es haben 1946 demokratische Wahlen stattgefunden, „bevor in der Deutschen Demokratischen Republik die Demokratie beerdigt wurde".

Auf die Ländergründung kann sich diese Demokratieannahme jedenfalls nicht beziehen. Sie ging auf einen Befehl der Besatzungsmacht zurück. Die Darstellung, dass 1990 ein historisches Unrecht beseitigt und einer angestammten Aufteilung demokratisch wieder Geltung verschafft worden sei, ist irreführend. Die Bildung der Länder 1945 war genauso wenig demokratisch wie ihre Abschaffung 1952. Würde man nun halbwegs bei der historischen Wahrheit bleiben, dann müssten die fünf neuen Länder dem Genossen Stalin für seine Weitsicht und seine klugen Gebietsaufteilungen danken. Denn immerhin kam man 1990 auf die stalinschen Pläne zurück. In jenem Jahr wurde im Verwaltungsaufbau haarklein kopiert, was Stalin sich 1945 ausgedacht hatte.

Außerdem: Jetzt so zu tun, als wären diese Länder eine gleichsam natürliche Bewegungsform der in ihnen lebenden „Völker", ist genauso abwegig. Thüringen als geschlossenes Gebiet entstand ohnehin erst 1920, und seine Hauptstadt Erfurt sowie große Teile des heutigen thüringischen Nordens gehörten zu Preußen. Sachsen entsprach zwar noch sehr kompakt – wenn auch nicht vollständig – dem historischen deutschen Königreich gleichen Namens. Das gilt aber nur mit starken Einschränkungen, denn die Sowjets hatten nicht das Sachsen vor 1815 wiederbelebt. Andernfalls hätten Belzig, Finsterwalde, Senftenberg und Lauchhammer sächsisch sein müssen. Beim Land Brandenburg müssen die meisten Zweifel angemeldet werden, denn das eigentliche Gebiet Brandenburgs zog sich einstmals sehr weit über den Fluss Oder hinweg. Und die brandenburgischen „Kernlande" Altmark und Neumark, d. h. die Geburtsstätten Brandenburgs, sind gar nicht Bestandteil des heutigen Bundeslandes. Nein, das brandenburgische Urgebiet gehört zum Land Sachsen-Anhalt. Bei dem hat man das Gefühl, es entstand aus dem, was übrig blieb. Auch im Norden war nach dem Zweiten Weltkrieg an den historischen Gegebenheiten erheblich herumgefeilt worden. Mecklenburg war ein eigenständiges Herzogtum, Vorpommern mal schwedisch, mal preußisch. Aber es kam ja laut alliiertem Kontrollratsbeschluss 1947 auf die Abschaffung Preußens an. Dem kamen die Russen einfach zuvor, indem sie die Gebiete des alten Preußens links der Oder auf verschiedene neue Länder (Provinzen) verteilten.

Neunte These:
Die Linke leugnet den Diktaturcharakter der DDR

Tatsächlich gibt es Aufarbeiter, die sich nicht entblöden, ihren Gegnern vorzuhalten, sie würden den „Diktaturcharakter" der DDR leugnen. Das ist vor allem deshalb geradezu kindisch, weil die DDR sich ja selbst als Diktatur bezeichnete (nämlich als die des Proletariats). Wer hätte es also nötig gehabt, dies zu leugnen? Die Kommunistische Partei wurde in den 50er Jahren in der Bundesrepublik deshalb verboten, weil sie die Errichtung einer solchen Diktatur des Proletariats in ihrem Programm hatte und politisch anstrebte. Die DDR war eine sich zu sich selbst bekennende Diktatur, so wie das von der Christenheit verheißene „Reich Gottes" ja auch extremen Diktaturcharakter trägt. Im Christenhimmel gibt es keine Demokratie, sondern es gibt die Unterwerfung aller unter einen einzigen Willen – den vermeintlichen Willen Gottes nämlich. In einem ähnlichen Sinne hatte die DDR mit ihrer eigenen Diktatur keinerlei Schwierigkeiten, und artverwandt mit dem Christenreich pries sie ihre Herrschaftsweise als höchste Form der Freiheit an.

Auf gleichem Niveau liegt eine Lieblingsbehauptung

der Aufarbeiter, die SED habe sich das eigene Überleben als PDS/Linke damit gesichert, dass sie das MfS preisgegeben und dessen Angehörige geopfert habe. Abstruser geht es kaum. Denn die PDS war die einzige Partei in Deutschland, die Mitglieder mit MfS-Vergangenheit in ihren eigenen Reihen duldete und ihnen auch Karriereaussichten bot. Unabdingbar dafür war die konsequente und vollständige Offenlegung dieses Teils der eigenen Biografie. In Brandenburg waren einstige Stasi-IM im Landtag und dort auch in führenden Positionen. Sie haben sich in der Demokratie bewährt, 20 Jahre lang auch zur wachsenden Zustimmung unter der Wählerschaft beigetragen. Die Ex-IM haben Menschen an die Demokratie binden können. Keineswegs boten sie das Bild, das so mancher westdeutsche Super-Demokrat bot, der mit seinem selbstsüchtigen und unverschämten Verhalten dafür sorgte, dass immer mehr Brandenburger sich an der Demokratie nicht mehr beteiligen.

Es kann also keine Rede davon sein, dass die PDS das MfS den Aufarbeitern zum Fraß vorgeworfen habe. Aber am seltsamsten ist bei dieser Vorstellung doch, dass diese SED-Nachfolgepartei imstande gewesen sein sollte, eine politische Grundvorstellung in Deutschland verbindlich zu machen. Denn selbst wenn die PDS-Politiker diese Opferung gewollt hätten, inwiefern wären sie denn die Instanz gewesen, die eine Sicht hätte vorschreiben können? Dass dies angesichts des Blocks von Politik, Medien und Wissenschaft gegen die PDS dieser Partei völlig unmöglich gewesen wäre, zumindest das müsste sich in den Kreisen der Aufarbeiter auch der Dümmste zusammenreimen können.

„Diejenigen meiner Feinde aber, die nicht wollen, dass ich über sie herrschen sollte, führt vor mich hin und erwürgt sie vor meinen Augen."

(Jesus Christus, Lukas 19,27)

Warum das Ganze?

Eigentlich ist es doch ganz einfach. Die DDR war die einzige Phase der deutschen Geschichte seit 1871, die nicht in einer Katastrophe unterging. Statt also – vor diesem Hintergrund – die verdiente Preisung entgegenzunehmen, ist allein sie einem enormen Abrechnungsdruck, einer endlosen Abrechnungswut ausgesetzt. Unerklärlich ist das nicht.

Zunächst der historische Vergleich in Ausführlichkeit: Man kann davon ausgehen, dass derzeit die Mehrheit von Deutschlands Aufarbeitern – einige vielleicht mit Hängen und Würgen, aber immerhin – bereit ist, anzuerkennen, dass die Nazizeit vielleicht doch um ein Jota schlimmer war als die DDR. Wie gesagt, das gilt für den Augenblick. Was fortschreitende Aufklärung des Volkes in diesem Punkt für die Zukunft bringt, ist Spekulation, auf weitere Verschiebungen sollte man sich aber gefasst machen. Jedenfalls, so die heutige offizielle Lesart: Nazizeit und DDR – das sind die wahren, die eigentlichen, die tatsächlichen dunklen Punkte der deutschen Geschichte, von denen sich das Übrige hell und klar abhebt.

Wie aber kann eine solche Vorstellung entstehen, wenn nicht auf der Grundlage absurder Maßstäbe oder vielmehr: fehlender Maßstäbe? Man blicke vergleichend auf die Weimarer Republik. Was war die Bilanz dieser im Unterschied zur diktatorischen DDR zweifellos demokratischen Republik? 550 politische Morde, eingeschlossen jene an zwei jüdischstämmigen Reichsministern. Bürgerkriege und bürgerkriegsähnliche Lagen. Vollständige Entwertung von Landeswährung und Sparguthaben. Ruinierung von Millionen Menschen. Faschisierung der Gesellschaft. Wachsender Antisemitismus. Sechs Millionen Arbeitslose. Im Schnitt etwa 10 000 Frauen, die pro Jahr aufgrund des Paragrafen 218, der Abtreibung unter Strafe stellte und verzweifelte Schwangere in die Illegalität trieb, an unsachgemäßen Eingriffen elendig zugrunde gingen. Hunger und Unterernährung. Eine unerbittliche Klassenjustiz. Und am Ende eine geistige Deformierung von Millionen Deutschen, die den Einbruch des faschistischen Staates als Befreiung begrüßten. Das war die Bilanz dieser Republik. Kann man tatsächlich den Gedanken vertreten, dass solche Zustände den Verhältnissen in der DDR überlegen gewesen sind?

So vernünftig anzunehmen, dass diese grauenhafte Entwicklung hin zur Nazidiktatur etwas mit Defiziten dieser bürgerlichen Demokratie zu tun haben musste, war man nach dem Krieg im Übrigen auch in den deutschen Westzonen. Wichtige Untersuchungen haben auch dort begonnen. Diese sinnvolle Entwicklung wurde noch vor Erreichen des Jahres 1950 abgewürgt. Seither feiert im Westen eine entschlossene und einseitige Idealisierung der Demokratie der Weimarer Republik (der „goldenen 20er Jahre") Triumphe.

Oder wählen wir als Betrachtungsobjekt das ebenfalls durchaus rechtsstaatliche, halbwegs demokratisch verfasste – im heutigen Sinne jedenfalls – deutsche Kaiserreich. Wie sah dessen Abschlussbilanz aus? Ein maßgeblich von Deutschland ausgehender, verlorener Weltkrieg. Zwei Millionen tote Deutsche. Allein in Deutschland mindestens noch einmal so viele für den Rest ihres traurigen Daseins Verkrüppelte. Zehn Millionen Weltkriegstote insgesamt. Der Verlust von 15 Prozent des Staatsterritoriums. Verelendung riesiger Volksteile. Die Vertreibung der Deutschen aus verlorenen Kolonien und verlorenen Ostgebieten. Das alles verbindet sich mit dem Deutschen Kaiserreich. Aber von einem dunklen Punkt der Geschichte kann man natürlich nicht sprechen. Nein, das war die DDR.

Wie kann ein solch widersinniges Bewusstsein entstehen, wenn nicht durch aktive Verdrängung? Deren fatale Wirkung hat der Philosoph Adorno vorausgesagt: „Die verstockte Gesinnung derer, die nichts davon hören wollen, fände sich freilich in Übereinstimmung mit einer mächtigen historischen Tendenz. Hermann Heimpel hat mehrfach vom Schrumpfen des Bewußtseins historischer Kontinuität in Deutschland gesprochen, einem Symptom jener gesellschaftlichen Schwächung des Ichs, die Horkheimer und ich schon in der ›Dialektik der Aufklärung‹ abzuleiten versucht haben. Empirische Befunde von der Art, daß die junge Generation vielfach nicht mehr weiß, wer Bismarck und wer Kaiser Wilhelm I. waren, haben den Verdacht des Geschichtsverlusts bestätigt."

Mit Zufällen oder einem Versehen haben gerade diese ideologischen Vorgänge nichts zu tun. Adorno dazu: „Die Tilgung der Erinnerung ist eher eine Leistung des allzu wachen Bewußtseins als dessen Schwäche gegenüber der Übermacht unbewußter Prozesse."

Um so eindringlicher muss betont werden: Nicht nur der Hitler-Faschismus, vielmehr alle drei vor der DDR liegenden Etappen der deutschen Geschichte waren in ihren Konsequenzen schrecklicher, was die Opferzahlen betrifft, vernichtender und für den Ruf des deutschen Volkes verheerender als die DDR-Zeit. Wenn 1990 das Bild der Deutschen in der Welt so gut war wie noch nie in der Geschichte, dann ist das nicht nur das Werk der Bundesrepublik gewesen, sondern auch das des ostdeutschen sozialistischen Staates. Mag dieser Gedanke den heutigen Herolden der Rechtgläubigkeit nun zusagen oder nicht.

Erste Zwischenbilanz: Gemessen an den fürchterlichen Ergebnissen von Kaiserreich, Weimarer Republik und Nazizeit liegt nicht der geringste Grund für eine besondere Abrechnung mit der DDR vor.

Wenden wir den Blick ab von der Vergangenheit und zusammenfassend noch einmal den 40 Jahren zu, in denen die DDR existierte. Finden sich hier Gründe dafür, die DDR als etwas besonders Verwerfliches zu sehen? Werfen wir den Blick nicht zurück, sondern gewissermaßen ihr zur Seite.

Da die DDR ein Staat war, hatte sie problematische Seiten. Jeder Staat der Weltgeschichte hat diese Seiten, davon konnte die DDR keine Ausnahme bilden. Und sie hatte Seiten, die Betroffene als Unrecht ansehen mussten, das stimmt. (Wobei, wie beschrieben, die gerichtliche Abrechnung nach 1990 feststellen musste, dass es sich in der Regel nicht um Unrecht im juristischen Sinne gehandelt hat.) Die DDR schränkte die Reisefreiheit und Gewerbefreiheit ein, sie zensierte Journalismus und Kunst (übrigens ohne eine Zensurbehörde zu unterhalten), sie entwickelte ein Überwachungssystem, das seinesgleichen suchte. Für die soziale Sicherheit, die sie ihren Bürgern bot, hatten die auch einige Zwänge hinzunehmen. Für Männer beispielsweise galt eine Arbeitspflicht. Das ist in der heutigen Freiheit anders, heute ist weder der Reiche noch der Arme zur Arbeit gezwungen. Wobei die DDR niemals dem brutalen christlichen Paulus-Spruch Geltung verschaffte, „Wer nicht arbeitet, soll auch nicht essen". Die UdSSR hatte ihn in ihre Verfassung aufgenommen.

Und doch kann die DDR eine Sonderstellung in der Weltgeschichte beanspruchen. Aber eine gänzlich andere, als die Aufarbeitung ihr andichten möchte. Denn es kann nicht sehr viele Staaten in der Weltgeschichte gegeben haben, die noch weniger Todesopfer gefordert haben als die DDR. Das mag seltsam klingen nach 25 Jahren, in denen die Begriffe DDR und Opfer gleichsam verlinkt worden sind. Die korrekte Bewertung aber beruht vornehmlich auf zwei Tatsachen, die jede für sich genommen schon nicht häufig sind, aber noch seltener in Kombination vorkommen. Zum einen hat die DDR niemals Krieg geführt, und – Zufall oder nicht – ihre Lebensjahre waren europäische Friedensjahre. Das hebt sie wohltuend von den allermeisten Staaten ab. Die zweite Tatsache ist die beeindruckend niedrige Kriminalitätsrate.

Dennoch – es bestanden in der DDR – wie in jedem Staat – Einschränkungen und Zwänge. Und ihre Gesetzlichkeit wurde teilweise mit Gewalt durchgesetzt. Es waren andere als heute, und ob die heutigen Zwänge die „besseren" sind, muss sich noch erweisen. Den Vergleich mit den Verbrechen des Westens jedoch muss die DDR nicht scheuen, wie bereits ausführlich erläutert wurde. Würden sich die Aufarbeiter diesem Vergleich stellen, müssten sie zu dem Ergebnis kommen, dass das Problem der heutigen Debatte eben nicht die Verklärung der DDR ist, sondern die fahrlässige Idealisierung der westlichen Demokratie.

Zweite Zwischenbilanz: Angesichts unfassbarer Verbrechen der bürgerlichen Demokratien auch nach dem Zweiten Weltkrieg wäre es sehr viel angezeigter, diese aufzuarbeiten. Die DDR fällt mit ihrer Opferbilanz vollkommen heraus, sie gehört dieser Monsterliga nicht an. Es hat also durchaus seinen Grund, dass zwei Drittel der einstigen DDR-Bürger 25 Jahre nach der Wende diesen Staat entweder überwiegend oder partiell positiv sahen.

Aber war die DDR wenigstens im Vergleich zu den anderen sozialistischen Staaten besonders bösartig? Wäre wenigstens hier ein Grund gegeben, sie einer besonderen Bewertungsmaschinierie zu unterwerfen? Wieder Fehlanzeige. Niemals kam es in ihr zu Erscheinungen wie Bürgerkriegen und Massentötung. Polen hat in inneren Kriegen nach 1945 etwa 60 000 Menschen verloren. In Ungarn gab es den blutigen Aufstand 1956 und seine nicht minder blutige Niederschlagung. Jugoslawien hatte seine inneren Kriege, die UdSSR ebenfalls. Wieder steht die DDR im Vergleich nicht ideal, aber doch vergleichsweise ausgezeichnet da.

Dritte Zwischenbilanz: Auch im Ostvergleich kommt die DDR so gut weg, dass eine gesonderte Abrechnung mit ihr keine Grundlage hat.

Was also soll diese institutionalisierte Ideologiefabrikation? Warum gibt es angesichts solcher Dinge, die sich kaum mit einem demokratischen System vereinbaren lassen, keinen Widerstand in Deutschland, das sich sonst so sehr in der Rolle des Weltenbelehrers gefällt? Schließlich bildet die Aufarbeitung ja das geistige Fundament, um auch nach Jahrzehnten noch Menschen zu diskriminieren, zu verfolgen, zu demütigen, öffentlich anzuprangern, die zu DDR-Zeiten von ihrem Recht Gebrauch machten, den Geheimdienst ihres Vaterlands zu unterstützen. Das Wissen darum, dass eine nicht enden wollende Verfolgung kein menschlicher Vorgang ist, sondern ein teuflischer, das ist ethisches Fundament des Rechtswesens in Deutschland. Weshalb im Falle beispielsweise der Stasi-IM aber dieser Fremdkörper, diese kaltblütige

Ausnahme? Warum diese störungslose Verletzung rechtsstaatlicher Grundsätze unter dem Beifall der Medien? Warum keine moralische Amnestie, Gnade, Versöhnung, selbst nach so langer Zeit? So unförmig die innerdeutsche Aufarbeitungsindustrie inzwischen auch aufgebläht ist, bezeichnenderweise reflektieren die Akteure niemals über die rechtlichen, sittlichen oder ethischen Grundlagen ihres Vorgehens.

„Nichts, was im Prinzip Unrecht ist, kann in der Praxis Recht sein“, wusste schon der 48er Revolutionär und spätere US-Innenminister Carl Schurz.

Zur Frage der Sachlichkeit gehört auch eine Verständigung darüber, weshalb heute, nach so vielen Jahren, eine solche ideologische Kampagne wie die Aufarbeitung überhaupt nötig ist. Wohlgemerkt – es gab sie nicht bzw. wesentlich abgeschwächter 1990/91, also unmittelbar nach der Stasi-Bedrückung. Nein, es gibt sie heute, und getragen wird sie von Menschen, die oft gar nicht gelitten haben oder viel zu jung und ungebildet sind, um die Dinge von damals umfassend bewerten zu können. Aber Geheimnisse sind keine Wunder. Ein Erklärungsversuch wird hiermit angeboten.

Die Antwort auf die Frage nach dem Warum muss eine vielschichtige sein. Wann war es entstanden, dieses Bedürfnis nach ewiger Abrechnung? Kommt das von ungefähr?

Noch einmal: Niemand schien Aufarbeitung nötig zu haben, als 1990 eine überwältigende Mehrheit im Osten Demokratisierung und Vereinigung begrüßte. Dass es nur besser werden könnte, davon war sogar die Mehrheit derjenigen überzeugt, die damals PDS wählte. Eine öffentliche pausenlose Belehrung über die böse DDR-Diktatur und die ach so herrliche Demokratie schien nicht im Geringsten erforderlich. Die Ostdeutschen hatten sich für Letztere entschieden. Hinzu kommt: Zu keinem Zeitpunkt in den vergangenen 25 Jahren war diese politische Entwicklung gefährdet, nicht der geringste formierte Widerstand dagegen ist erkennbar gewesen. Warum also dieses Bedürfnis nach ideologischen Vorschriften?

Die Blütenträume reiften nicht – drei Gründe

Es zeigte sich nach 1990 sehr schnell: Die Blütenträume reiften nicht. Es brach im Osten Deutschlands nicht das Paradies aus, sondern für viele Menschen die Hölle, ein Schrecken, den sie nie gekannt hatten, und auf den sie nicht vorbereitet waren. Arbeitslosigkeit, Lehrstellenmangel, Perspektivlosigkeit, Wertezerstörung ließen einige Jahre später für viele Menschen die DDR in einem anderen Licht erscheinen. Das war sie, die Stunde der Aufarbeitung. Jetzt galt es, ideologisch zu gewinnen, was in der gesellschaftlichen Wirklichkeit verlorenzugehen drohte.

Zusammengefasst gab es für die endlose Ideologiekampagne „Aufarbeitung" drei Gründe, die hier die Feder führen, und entscheidend ist dabei, dass sie alle mit der DDR-Vergangenheit nichts zu tun haben. Zunächst waren es erstens die Wahlerfolge der Linken, die das politisch-journalistische Establishment offenbar schwer verstörten. Zweitens spricht aus diesem Gehabe eingestanden oder uneingestanden das Bewusstsein, selbst inhaltlich und politisch am Ende zu sein. Dieses Kartell aus Politik und Journalismus hat Deutschland in eine Lage gebracht, in der Verunsicherung und Zukunftsangst um sich greifen. Weil sie nicht weiter wissen, müssen sie von ihren eigenen Versäumnissen ablenken. Mit einem Phantom-Thema. Und drittens kommt für diese schuldigen Ratlosen das Erlebnis hinzu, dass immer mehr Menschen um diese Dinge wissen oder sie zumindest ahnen. Jenen, denen immer geglaubt wurde, wird heute immer weniger geglaubt. Aus ihrer Defensive heraus produzieren sie diese Wut und Wucht.

Die Abrechnung in Form von Behörden

Der genaue Blick lohnt, denn die Aufarbeiter setzen sich personell aus Menschen zusammen, die man (DDR-)Bürgerrechtler nennt (haben sie diese Eigenschaft 1990 abgestreift?), ferner aus westdeutschen Wissenschaftlern, die zum Teil aus linksradikalen Milieus stammen, und jungem Nachwuchs, der Karrierechancen erschnüffelt hat.

„Wat brauchste Grundsätze, wenn de'n Apparat hast." (Kurt Tucholsky) Weil Deutschland die Abrechnungswut institutionalisiert hat, sie also in Form von Ämtern oder Behörden auftritt, ist die Aussicht auf Sachlichkeit in der Debatte schon von vornherein stark eingeschränkt. Denn diese Ämter müssen ihre Existenzberechtigung unter Beweis stellen, und das zwingt sie zur Einseitigkeit. Sie werden alles zusammentragen, was gegen die DDR spricht, und sie werden alles unterdrücken, was für sie gesprochen hat. Sie werden die DDR auf ihre negativen Seiten zusammenstreichen und den Westen auf seine positiven. Sie erfüllen mithin alle Kriterien mehr oder weniger primitiver Propaganda. Und wenn Jesus Christus selbst herabsteigen würde und dem Ganzen attestieren, dass es nichts als ein aberwitziges, im schlechtesten Sinne deutsches Unternehmen ohne neuen Erkenntniswert darstellt, diesem Apparat bliebe nichts anderes übrig, als dem Heiland nicht zu glauben und ihm, sollte er hartnäckig sein, seine Täter-Akte zu präsentieren.

Rache

Bei dieser staatlich organisierten Abrechnungsorgie ohne strafrechtliche Basis gibt es zunächst ein vordergründiges Motiv: Rache. Hier sitzen zweieinhalb Jahrzehnte nach der Wende Opfer oder ihre Interessenvertreter über vermeintliche oder wirkliche Peiniger zu Gericht. Spätestens an diesem Punkt müsste der Rechtsstaat dazwischengehen, denn Rache ist laut dem Wörterbuch der Brüder Grimm die „unedle Erregtheit in Verfolgung eines Unrechts" und für sich genommen selbst „ein niedriger Affekt". Und als solcher kann sie in Deutschland keine Rechtsquelle sein. Ohnehin sind alle Parallelen zu Straftätern fragwürdig, denn Stasi-IM, Grenzsoldaten, Parteisekretäre, Heimerzieher oder DDR-Richter waren keine. Niemand käme auf den Gedanken, das Opfer einer Vergewaltigung zum Richter über den Vergewaltiger zu machen. Das ist im Falle der Stasi-IM erstens anders und vollzieht sich zweitens offenbar ganz ohne Gewissensbisse.

Diese Vorgänge entbehren eines rechtsstaatlichen Kerns, sie sind eine partielle Abkehr vom Rechtsstaatsgedanken. Wenn aber ein Rechtsstaat damit beginnt, Bereiche festzulegen, in denen seine eigenen Prinzipien nicht mehr ohne weiteres gelten, dann ist er auf dem Wege, sich selbst abzuschaffen.

Bedürfnis nach neuem Mythos

Wenn sich eine Gesellschaft neu konstituiert, und das war in Ostdeutschland nach der Wende der Fall, ist für ihre innere Stabilität nichts so wichtig wie ein neuer Mythos. Für den eignen sich aber weniger die positiven Ziele und Kriterien, bei denen ohnehin ein jeder sich das Seine denkt. Die „westlichen Werte" sind wenig verlässlich. Unvergleichlich substanzieller für die Konstituierung eines neuen Mythos ist dagegen die Festlegung, wer ausgeschlossen bleibt, wer als Gegner, gar als Feind zu gelten hat. Hier findet sich das Kollektiv zusammen, das erst dann beruhigt schlafen kann, wenn die Hexe brennt.

Gegner tauschen Eigenschaften aus

Beim Stil der heutigen Abrechnung bestätigt sich die alte Menschheitserfahrung, dass Gegner in lang andauernden Auseinandersetzungen Eigenschaften austauschen. Meistens die schlechten, das sollte bedauernd hinzugefügt werden. Während es für die USA beispielsweise zu Beginn ihres Kriegseintritts 1941 außerhalb ihrer Vorstellung lag, Kinder, Frauen und Greise des Feindes umzubringen, verstand es sich am Ende für sie von selbst. Sie nahmen Anleihe an der verbrecherischen Kriegsführung Deutschlands und Japans und überboten sie noch. In diesem Sinne hatte die DDR-Propagandamaschine gelehrige und eifrige Schülerinnen und Schüler gefunden. Die offenbaren heute die gleiche Intoleranz wie ihre damaligen Verfolger, den gleichen messianischen Eifer, die gleiche Selbstgerechtigkeit, die gleiche Unbedingtheit, die gleiche Rechthaberei. Ja, wir wissen: Die Betroffenen werden heute nicht überwacht oder eingesperrt. Sie werden lediglich entlassen, entehrt, gedemütigt, öffentlich gebrandmarkt. Und auf die Frage, was eigentlich schlimmer ist, werden sich verschiedene Antworten finden lassen. In einem jedenfalls scheinen die Rechtgläubigen von heute ihre einstigen Drangsalierer noch überbieten zu wollen. Denn das MfS war ja nun für so mancherlei bekannt. Aber dafür, dass es moralisch verwerfliche Handlungen verfolgte, die 30 oder 40 Jahre zurücklagen, dafür nicht. Das haben die Aufarbeiter von heute dem DDR-Geheimdienst voraus.

Die Lust am Prügelknaben und auf freie Stellen

Liegt vor uns die allgemeinmenschliche Lust am Prügelknaben – „eine sehr alte und hartnäckige Lust“, wie der Philosoph Ernst Bloch schrieb? Natürlich, und so etwas nennt man niedere Instinkte. Seit 1990 erfüllt dieser Vorgang für Nachrückende zudem eine praktische Funktion: So gelingt es, relativ gut bezahlte Jobs freizuschießen. Was liegt also näher, als das Nützliche mit dem Angenehmen zu verbinden?

Der Sündenbock lenkt von der schwierigen Lage ab

Aber lässt sich das Unternehmen auf Feigheit und Futterneid reduzieren? Nein, weitere „bodenständige“ Gründe sind hier im Schwange. Die Endlosigkeit in der Droh- und Druckkulisse ist von der schwierigen, manche sagen: aussichtslosen Lage nicht zu trennen, in welche die etablierten Parteien Deutschland und Europa gebracht haben. Der Wahnsinn hat Methode und dieser Vorgang seine Funktion. Es ist nicht wichtig, dass weder von DDR noch SED oder MfS oder FDJ oder Blockparteien oder den Kampfgruppen der Arbeiterklasse oder, oder, oder ... heute noch die geringste Gefahr für die Demokratie ausgeht. Etwas völlig anderes ist entscheidend: Die irrationale Abrechnungswut gegenüber der DDR ist die Reaktion auf ein Scheitern. Gemessen an wesentlichen Verheißungen und Versprechungen des Jahres 1990 ist der Prozess des deutsch-deutschen Zusammenwachsens gescheitert. Von einem selbsttragenden Aufschwung ist der Osten heute weiter entfernt als 1990. In keinem Land Europas sind die sozialen Abstände größer als zwischen West- und Ostdeutschland. Der Osten ist ein ewiges Transfergebiet. Der Zukunftsblick schmerzt. Das über beide Ohren verschuldete Ostdeutschland hängt am Tropf, es verliert Menschen und vor allem Ärzte. Einen Angleich an den Westen gibt es nicht mehr. Die Älteren fühlen sich in die 50er Jahre versetzt. Hinzu kommt: Riesige Regionen, in welche die DDR einst Entwicklung getragen hat, veröden heute. Erstmals in der 65-jährigen Nachkriegsgeschichte durchzieht eine breite Verunsicherung das Land, wie auch den ganzen Kontinent. Und sie erfasst – das ist ebenfalls neu – große Teile der an Sicherheit und Reichtum so gewöhnten westdeutschen Gesellschaft. Mit dem Erstarken der AfD vollzieht sich der stärkste Rechtsruck in der deutschen Nachkriegsgeschichte. Gewalt nimmt als Mittel der politischen Auseinandersetzung zu. Die Antworten auf die Flüchtlingsströme spalten die deutsche Gesellschaft.

Aber ist das auf Deutschland beschränkt? Die demokratischen Staaten haben diese Welt in eine schwierige, vielleicht schon aussichtslose Lage gebracht. Die Unsicherheit wächst beinahe täglich. Die Angst ist erste Bürgerpflicht geworden. Hier ist in der Tat eine substanzielle Gefährdung des demokratischen Staatswesens zu befürchten. In dieser Lage gilt es von den eigentlich Schuldigen abzulenken. Jetzt werden Pseudo-Schuldige gesucht. Eine Sündenbockmast setzt ein. Der Bühnenrivale Stasi wird aufgerufen. Alle aktuellen Defizite dürfen sich hier ausleben, alle Versäumnisse können doppelt und dreifach geheilt werden. Wen interessiert dabei, dass die am Pranger Stehenden mit dem Problem überhaupt nichts zu tun haben? Der Sündenbock, den die alten Israeliten in regelmäßigen Abständen in die Wüste gejagt haben, war als solcher auch nicht schuldiger als andere Lämmer.

Traditionelle Oberschichten waren ausgesperrt

Aber es gibt auch nüchterne, eiskalte Erwägungen: Die Endlosigkeit der Verfolgung bzw. Anprangerung von DDR-Funktionsträgern in der deutschen Demokratie, wir sagten es schon, steht in schreiendem Gegensatz zur Haltung dieser Demokratie gegenüber hitlerfaschistischen Helfershelfern. Die Erklärung für diese Unterschiede ist nicht schwer zu finden, sie liegt auf der Hand. Obwohl die traditionellen deutschen Oberschichten – Bürgertum, Adel, Beamtentum, Diplomatie, Offizierskorps, Kirche – in unfassbare NS-Verbrechen verwickelt und verstrickt waren, kamen sie nach 1945 bruchlos wieder an die Macht. Aber eben nicht in Ostdeutschland. Diese Kreise, die zweimal das Unglück Deutschlands und Europas gewesen sind, kamen in der DDR – von den Kirchen vielleicht abgesehen – nicht zum Zuge. 45 Jahre lang blieb ihnen ein Teil Deutschlands entzogen. Dort blieben die schuldbeladenen und blutbesudelten deutschen Eliten sozusagen ausgesperrt. Adolf Hitler hatte diese Oberschichten in ihren Privilegien bestätigt, wenn nicht sogar gestärkt. Das sichert ihm eine Art Dankbarkeit in einem stillen Winkel ihres Herzens. Die DDR konnte und wollte damit nicht dienen. Hier liegt das bestimmende Motiv für Hass, Verfolgungen und die Abrechnung nach 1990, die einen Ewigkeitsanspruch besitzen.

Vor diesem Hintergrund muss das Feindbild DDR, Stasi, SED in immer grelleren Farben erstrahlen. Wo sich Wunden schließen, werden sie konsequent wieder aufgerissen. Je unbestimmter, je unklarer dieses Feindbild, umso besser. So maskiert sich Schuldbewusstsein.

Religionsersatz für die westdeutsche Gesellschaft und ihr Nationalgemüt

Die endlose Abrechnung mit der DDR trägt außerdem den Charakter eines dunklen Religionsersatzes, er wirkt als große Reinigung der westdeutschen Gesellschaft. Mit dessen Hilfe trachtet sie die Tatsache vergessen zu machen, dass ihr eigenes Verhalten nach dem Krieg einer Verhöhnung der Naziopfer gleichkam. Und sie hofft, dass die Welt das nicht mitbekommt.

Weil es sich um Deutsche handelt, die hier federführend sind, und der Vorgang vor allem eins ist: deutsch, ist ferner ausgeschlossen, sich die Versöhnungskommissionen beispielsweise Südafrikas im Umgang mit der DDR-Vergangenheit zum Vorbild zu nehmen. Innerdeutsche Versöhnung? Das würde zum Nationalcharakter und Nationalgemüt nicht passen. Es ist in diesem deutschen Gemüt kein Widerspruch, einerseits Nelson Mandela für seinen Versöhnungskurs nach einem Apartheidskrieg mit Hunderttausenden Opfern hemmungslos zu bewundern und andererseits den einstigen DDR-Anhängern in keinem offiziellen Dokument die Versöhnung anzubieten. Dass die Opferzahlen der DDR in keinem Verhältnis zu denen in Südafrika stehen, tut hier nichts zur Sache. Es wäre interessant, die Vertreter der Aufarbeitung darüber reflektieren zu hören.

Die Reinigungsfunktion

Ist das alles? Nein. Das alles ist im Spiel, würde aber noch nicht ausreichen, die deutsche Gesellschaft zur offenen Abkehr von rechtsstaatlichen Prinzipien zu veranlassen. Der Vorgang muss für sie eine Funktion erfüllen. Und diese Funktion gibt es. Es ist die Reinigung.

Zu den Sturmspitzen der Abrechner gehören nicht nur Opfer der DDR, die in unterschiedlichem Maße den Druck der damaligen Staatsorgane zu spüren bekamen. Dazu zählen auch einstige Agitatoren und NVA-Offiziere wie der Publizist Jens Bisky, dem bezogen auf Stasi-Mitarbeiter die Versöhnung „mit solchen Leuten unmöglich scheint". Das zeigt: Wer aus dem DDR-Stall stammt und heute an die Fleischtöpfe will, muss einiges dafür tun, um sich als gereinigt präsentieren zu können. Deshalb haben nach dem politischen Umbruch vor allem die Wendehälse so erbittert auf jene eingeschlagen, die es sich mit der Wende in Kopf und Gemüt nicht ganz so leicht gemacht hatten. Konvertierte sind in der neuen Religion bekanntlich immer die Orthodoxen.

Das Unternehmen wird aber auch westdeutsch beschickt. Auch hier treten die Neu-Formatierten auf. Es finden sich alte DDR-Kader in einer Front mit ehemaligen Stalinisten, Leninisten, Maoisten ... und was die westdeutsche K-Gruppen-Szene sonst noch für irregeleitete Wichtigtuer hervorgebracht hat. Tröpfe, die einst Lenins oder Maos Geburtstag gefeiert haben wie andere Menschen Weihnachten, knöpfen sich heute DDR-Bürger vor. Sie billigen sich selbst das Recht zu, sich vom Saulus zum Paulus gewandelt zu haben. Einem DDR-Bürger werden sie ein Gleiches immer verweigern. Hier trägt die Reinigung edelste Züge.

Aber nicht nur für diese abstoßenden Bürgerbengel, auch für die westdeutsche Mehrheitsgesellschaft hat das endlose Anti-Stasi-Manöver einen unvergleichlichen Wert. Es bietet ihr in einem viel umfassenderen Sinn die Möglichkeit zu jener Reinigung, nach der sie so lange gelechzt hat. Denn was sie genau weiß, aber niemals sagt: Auf die uferlose Schande des Hitler-Faschismus in Deutschland folgte die Schande der westdeutschen Demokratie, die Täter nicht zur Rechenschaft gezogen, ja, sie mit Ehrenerklärungen überhäuft und gedeckt zu haben. Das Bewusstsein, das Andenken der Opfer auf diese Weise noch geschändet zu haben, ist im Unterbewusstsein der westdeutschen Welt durchaus lebendig. Dieses Trauma wiegt schwer. Und davon kann sie sich jetzt reinigen. Deshalb die Endlosigkeit der Abrechnung mit der DDR, die nachträgliche Verschärfung der Überprüfungskriterien im Falle der MfS-Mitarbeit. Deshalb wird man eine Referatsleiterin im Potsdamer Sozialministerium nun ganz gezielt dreifach büßen lassen, was beispielsweise an Tausenden Nazitätern in hohen, höchsten und allerhöchsten Positionen des Hitlerreiches versäumt worden ist. Es handelt sich um jene Reinigung, welche die Gereinigten praktischerweise nichts kostet. Das Gefühl dafür, dass sie auf diesem Wege ihre Schande nur noch vergrößern, entwickeln sie wohlweislich nicht.

Mit Blick auf die politischen Weltereignisse der vergangenen 25 Jahre tritt noch etwas ganz Entscheidendes hinzu. Denn seit dem Zusammenbruch des Sozialismus in Europa fühlt sich „der Westen" immer weniger an Recht, hier vor allem an Völkerrecht, gebunden. Es häufen sich die Beispiele, in denen das nach 1945 mühsam entwickelte internationale Rechts- und Vertragssystem einfach über Bord geworfen wird, wenn es den eigenen und Machtinteressen im Wege steht. Völkerrechtswidrige Angriffe, regelrechte Überfälle häufen sich, mit den bekannten Ergebnissen für die arabisch-muslimische Welt. Die Vorstellung, der Westen verfüge über ein Wertesystem, das anderen Gesellschafts- und Lebensformen so überlegen ist, dass er an Rechtsrespektierung nicht gebunden ist und auch dreister Rechtsbruch seine Berechtigung findet, hat von der westlichen Welt Besitz ergriffen. Das ist die äußere Lage. Der Umgang mit den Stasi-IM findet hier seine Entsprechung im Inneren. Persönlichkeitsrechte, ethische Grundsätze, Prinzipien wie Gnade und Barmherzigkeit, Versöhnung kommen nicht einmal nach zweieinhalb Jahrzehnten zum Zuge. Nicht nur äußerlich verlässt der Rechtsstaat sich selbst, gibt er sich mehr und mehr auf, unterminiert er zunehmend seine Grundlagen – er tut es auch nach innen.

Zurück zum Hier und Heute: Man kann gar nicht so naiv sein, nicht einen Zusammenhang zwischen der Krise, einer zunehmenden Zukunftsangst, der Ratlosigkeit der etablierten Parteien und dieser unerhörten Situation zu sehen. So war es doch immer: Wenn man mit der Gegenwart nicht mehr zurande kommt, wendet man sich der Vergangenheit zu. Gerade in der jungen Generation zeigt diese Art Vergangenheitsbewältigung mit dem Brecheisen inzwischen Wirkung. In einer zunehmend verunsicherten Welt benötigt sie Ziele für die aggressive Triebabfuhr, und da ist eine stigmatisierte, am Boden liegende Gruppe gerade recht.

Dieser jungen Generation müsste man sagen: Ihr werdet in absehbarer Zeit eine schwarze Suppe auslöffeln müssen, daran kann niemand Zweifel hegen, der Augen hat zu sehen. Wer immer euch diese Suppe eingebrockt hat – die DDR und ihr MfS waren es nicht. Auch nicht die SED, nicht die „Nationale Front", nicht die FDJ, die Pionierorganisation „Ernst Thälmann", nicht die Deutsche Volkspolizei, nicht die NVA und auch nicht die Grenztruppen der DDR, nicht der Freie Deutsche Gewerkschaftsbund, nicht der Demokratische Frauenbund Deutschlands, nicht die Gesellschaft für Deutsch-Sowjetische Freundschaft, nicht der Kulturbund und so weiter. Eingebrockt haben euch diese Suppe jene Täter von heute und von gestern, die es gern sehen, wenn das Stasi-Thema alles verdrängt oder überlagert. Das lenkt am besten von der eigenen Verantwortung ab.

Im nationalen wie im kontinentalen Maßstab gilt: Nach dem Realsozialismus sind nun auch die Sieger von 1989 mit ihrem Latein am Ende. Die Anbahnung der Niederlage verunsichert den Kongress der Weißwäscher enorm. Er muss jetzt Schuldige präsentieren. Und wo findet er sie?

Offener Brief an Jens Bisky aus dem Jahre 2006

Lieber Jens Bisky. Das ist ein offener Brief an dich. Und weil wir beide niemals ein Wort gewechselt haben, muss ich zunächst erklären, warum ich dennoch glaube, zu dieser vertraulichen Anrede berechtigt zu sein. Dass wir Kollegen sind und beinahe gleichen Alters, spielt dabei keine große Rolle. Wichtiger ist, Jens, wir haben einst sozusagen im selben Graben gelegen: Als Unterleutnants der Nationalen Volksarmee haben wir treu und ergeben gedient. Ich drei Jahre lang. Du hast sogar vier Jugendjahre auf dem Altar des sozialistischen Vaterlands geopfert. Wir stammen also, Jens, wenn man es etwas gröber formulieren wollte, aus demselben Stall.

Es sind ja Meinungsverschiedenheiten kein Grund, gleich die Keule herauszuholen, und auch ich habe es mir nicht leicht gemacht und mir mehrmals überlegt, ob ich mich ich dieser Form an dich wenden sollte. Dabei spielte auch eine Rolle, dass ich deinen Vater in meiner Arbeit als Potsdamer Landtags-Korrespondent sehr gut kennengelernt und eine hohe Meinung von ihm gewonnen habe. Mit dem Anlass dafür, es dann doch zu tun, will ich gleich herausrücken. Es ist dein Beitrag für die *Süddeutsche Zeitung,* in dem du sinngemäß von deinem Leser forderst, er solle die Ausgelieferten lateinamerikanischer Faschistendiktaturen dafür beneiden, dass sie nicht das Unglück hatten, in der DDR leben zu müssen. Du schreibst im Text „Furcht und Freiheit“ über das, „was die DDR etwa von den despotischen Regimes in Lateinamerika unterschied: Kommunistische Diktaturen können jederzeit in totalitäre Herrschaft umschlagen.“ Mit anderen Worten, da hatten die massakrierten Latinos aber noch einmal Glück gehabt. Das ist für mich Anlass, dir als einem Mitarbeiter der *Süddeutschen Zeitung* einmal umfassend zu antworten. Nicht unbedingt sanft. Aber auch nicht härter, als du selbst dich äußerst. Denn eine alte journalistische Bergweisheit besagt: Wer die Dinge dieses Lebens kommentiert, der hängt seinen Arsch in den Wind.

Ich möchte dir schildern, Jens, wie dein Diktaturen-Vergleich in meinen Ohren klingt. Vor einem halben Jahr stand ich in Mexiko-Stadt an einem Ort, der sich „Platz der drei Kulturen“ nennt. Und las auf einem Gedenkstein von einem Ereignis des Jahres 1968. Das war bekanntlich nicht nur das Jahr des Prager Frühlings, sondern auch das Jahr der Studentenrevolten in der westlichen Welt. Und eine Woche vor Eröffnung der Olympischen Spiele in dieser Stadt wurden auf dem „Platz der drei Kulturen“ rund 500 protestierende Studenten von der Polizei erschossen. Einfach umgelegt. Wenn so etwas in einer der bewährtesten Demokratien des Kontinents geschehen konnte, dann male dir aus, wie dort Diktaturen ablaufen. Und dass die heutige chilenische Präsidentin – ihr Vater gehört zu den Todesopfern eines in deinen Augen untotalitären Diktators – zum Ärger vieler unserer Berufskollegen und auch zum Ärger anderer Leute über ihr Asylland DDR kein böses Wort verliert, das muss dich sehr verunsichern, Jens. Dabei ist diese Frau, als sie in die DDR floh, doch gewissermaßen vom Regen in die Jauche geraten, oder etwa nicht? Denn wie du schreibst: „Ressentiments gegen Fremdes, Andersartiges verbanden Volk und Führung.“ Diese Präsidentin hat in ihren DDR-Jahren offenbar weder bemerkt noch begriffen, was du im Nachhinein begriffen hast.

Aber du wirst es ihr schon erklären. Wie du alle deine Leser aufklärst. Wenn du über Hartz-IV-Empfänger und Anhänger linker Überzeugungen herfällst, alte Seilschaften oder „Stasi-Granden“ ortest. Es ist schon deutlich, mit welcher Kühle du Menschen behandelst, denen sich nicht, wie dir, die Chance geboten hat, auf die erste Klasse des neuen Dampfers zu wechseln. Ich will mich jetzt nicht weiter darüber verbreiten, warum das Massaker auf dem Pekinger Platz des Himmlischen Friedens im öffentlichen Diskurs jederzeit präsent ist, während über das Vorbild-Massaker in einem Land der freien Welt der Mantel des Schweigens und Vergessens gebreitet werden kann. Obwohl es das Folgende schon berührt und sehr mit dir und deinem gegenwärtigen Auftreten zu tun hat. Aber wer die heutige Lektion gelernt hat, der weiß, man beschäftige sich besser nicht mit Dingen, die vor dem Leser das Antlitz der freien Welt, alias der freiheitlich-demokratischen Rechtsordnung, alias des „Westens“, alias ... beschädigen können. Damit behelligt man seine Leser, wenn überhaupt, höchst ungern. Oder?

Bevor wir den Bereich des Militärischen ganz verlassen, eine Anmerkung zu deinem Buch „Geboren am 13. August“. Bei deiner Lesung in Potsdam war ich zugegen, du hast das Kapitel vorgestellt, in dem du schilderst, wie du dich als Offizier einst verfolgt fühltest – deiner Homosexualität wegen. Ich habe aufmerksam zugehört und kann beim besten Willen nur eines finden: Dass der Umgang deiner Vorgesetzten damit erstaunlich gelassen und zurückhaltend gewesen ist. Fairerweise hättest du bei allem zur Schau gestellten Selbstmitleid in deinem Buch wenigstens anklingen lassen müssen, dass es keine Armee der Welt gibt, die Homosexualität nicht als Problem empfinden und behandeln würde. Aber ich bin mir nicht sicher, ob du noch fair sein willst. Und wenn du erzählst, dass zwei, drei Kommisknöppe mit dummen Bemerkungen imstande gewesen sein sollen, dir deine Grundüberzeugung abzuknöpfen, dann ist mir das zwar schleierhaft, aber allein deine Sache. Um eine Grundüberzeugung kann es sich dann jedenfalls nicht gehandelt haben, auch wenn du dir das nachträglich einbildest. Erinnerung – du Gold- und Silberschmied.

Die größten Kritiker der Elche waren früher selber welche, gewiss. Du hast in deinem Buch den Spruch sogar aufgegriffen und auf dich gemünzt. Vermutlich, um vorausberechneten Einwänden zumindest diesen Wind aus den Segeln zu nehmen. Ich begnüge mich in deinem Fall aber nicht mit Kalauern, Jens, dazu ist er zu ernst. Was mich vor allem beschäftigt, ist die Frage, woher du das Selbstbewusstsein für diesen Auftritt beziehst? Wie du als Moraltrompeter vor allem Wehrlose, wenn sie nicht deiner Meinung sind, von oben herab behandeln kannst. (Wirkliches Format hatte dergleichen niemals nötig.) Natürlich gab es jene, die zu DDR-Zeiten mit der Macht marschierten, sich im Besitz der allein selig machenden Wahrheit wähnten und sich das gut bezahlen ließen. Und es gibt heute diejenigen, die mit der Macht marschieren, noch viel besser bezahlt werden und sich ebenfalls dieses Besitzes erfreuen. Das ist nicht weiter bemerkenswert. Richtig lustig wird es, wenn es ein und dieselben sind. Nein, ich weiß, Jens, du gehörst zu denen nicht. Es sieht lediglich so aus. Du hattest zu

DDR-Zeiten attraktive Karriere- und Geldaussichten, was dich mit der Ideologie dieses Staates und auch mit seinen problematischen und verbrecherischen Seiten versöhnte. Als die Sozialisten dir diese Aussichten nicht mehr bieten konnten, hast du sie eben verlassen. Inzwischen sind es andere problematische und verbrecherische Seiten, die du wortlos akzeptierst. Diese Banalität deines Weges musst du vor dir selbst verbergen, oder du könntest nicht mehr in den Spiegel sehen.

Du schreibst: „Gewiss ist die Vorstellung gruselig, dass ein Ex-Stasimann dem Opfer eines operativen Vorgangs Akten zusammensucht.“ Weißt du aber, Jens, welche Vorstellung vielleicht noch viel gruseliger ist? Dass ein ehemaliger Funktionärssprössling, GOL-Sekretär, Agitator, Nomenklatura-Kandidat, NVA-Offizier und Leitungsangehöriger der SED jetzt erklärt, dass „mit solchen Leuten eine Versöhnung unmöglich scheint“. Wer deine Texte liest, für den bleibt eine wichtige Frage offen: Warum gestehst du all diesen Menschen nicht zu, was du für dich selbst ohne zu zögern in Anspruch nimmst? Du selbst warst beinharter Kämpfer der gerechten Sache: „Wer das Sagen hatte, musste klar sein.“ – „Ich wollte nicht auffallen.“ Nämlich du selbst wolltest das Sagen haben. Das willst du heute noch. Doch im Unterschied zu den anderen Überzeugungstätern, die von dir irgendwo zwischen Monster und Idiot eingeordnet werden, die du „Dogma“ oder „Schwein“ nennst, im Unterschied zu all denen hieltest du dich rein. Obwohl es dir niemand ansah. Völlig richtig, Jens, die Bösen sind immer die anderen.

Zweifellos hat sich vieles zum Guten gewandelt seit der Wende. Das ist unübersehbar. Es gibt jetzt Telefone für alle, ordentliche Straßen, saubere Toiletten und ein Parlament. Das wiegt in der Tat nicht wenig. Auch wenn in diesen Parlamenten immer weniger wirklich entschieden wird. Aber egal, ich lebe in Potsdam, und pro Tag werden in dieser Perle, welche von den Wessis so geliebt wird, ungefähr zwei, drei neue Schickimicki-Tempel eröffnet, wo die Reichen, die Schönen, die Beamten und die Erfolgreichen ihre verwöhnten Mäulchen stopfen können. Wie das abläuft, hat Kollegin Evelyn Roll kürzlich in der *Süddeutschen* ausführlich dargelegt. Über all dem thront ein Matthias Platzeck und schmunzelt milde auf dieses Treiben herab. Und zwischen zwei Leckerli geißelst du den Wahn der Transferleistungen in die ostdeutschen Notstandsgebiete und schreibst, dass Hartz-IV „hart, aber absolut notwendig" ist. (Unsere Sünden, Jens, sind nicht die, von denen die Frömmler reden.)

Du und Deinesgleichen verfallen bei alldem in einen Fehler, der auch schon von der DDR-Führung begangen wurde: Ihr interessiert euch für eure Siege und niemals dafür, was diese Siege gekostet haben. Sie kosten im Übrigen eine Menge. Wie ein Mühlstein ziehen uns die Jahre der Hochverschuldung in den Sumpf der Zinsknechtschaft, wie man früher gesagt hätte. Kontrollierte Verwilderung – das ist als Stichwort in Brandenburg schon mal ausgegeben worden. Allerorts sind die Marktplätze nett hergerichtet, dahinter herrscht meist Totentanz. Nicht nur diese Städte, das ganze Bundesland Brandenburg fault von den Rändern weg. Ich fordere nicht von dir, Jens, dass du dafür einen Sinn entwickelst. Aber zwei Drittel der Brandenburger leben in einem merkwürdigen Erlebniszwiespalt. Zu DDR-Zeiten war ihre Heimat räudig, aber lebendig. Heute ist sie schön und sauber – aber tot. Das prägt das Denken der dort Verbliebenen. Und ihre Sicht auf die Vergangenheit. Um das Bild von der DDR wird heute erbittert gerungen, und dein Buch „Geboren am 13. August" sieht dich gewiss auf der richtigen Seite,

Jens. (Auf der hast du ja Zeit deines Lebens gestanden.) Gönn dir in all deiner Selbstgewissheit dennoch mal die Muße und schau dir ein paar Folgen der TV-Serie „Die Kinder von Golzow“ an. Das ist der vermutlich ehrlichste und längste Film über die DDR und das Leben in ihr, den wir haben. Es gab in diesem Staat nicht nur die Wirklichkeit der Berliner Szenekneipen.

Und noch einmal gebe ich dir beinahe recht. Nämlich, wenn du Hannah Arendt zitierst, wonach es einfacher sei, Angehörige totalitärer Bewegungen auf eine andere Ideologie einzuschwören, als sie überhaupt wieder zum Denken und zum Mitempfinden zu bewegen. Denn wenn es einen schillernden Beleg für diesen Satz gibt, dann lieferst du ihn, Jens. Warum sind deine heutigen SZ-Beiträge nichts weniger als nachdenklich? Sie sind vielmehr beherrscht von einer aufdringlichen Rechthaberei. Die Menschen in der ostdeutschen Provinz, die du dir vorknöpfst und mit denen du abrechnest, können dir nicht antworten, das ist ihnen verwehrt, und du weißt es. Ich will es stellvertretend für die alle hier übernehmen. Dir eignet beim Formulieren kein Vergleichen und keinerlei Abwägen. Da ist nur ein herrisches, nervöses Draufschlagen. Das übrigens gar nicht neben die oft heitere Gelassenheit passen will, in der die meisten deiner Kollegen bei der *Süddeutschen* sich äußern.

Menschen wie du sind nie bei den Verlierern, jedenfalls nicht, wenn sie es vermeiden können. Offenbar ist kein Preis dafür zu hoch. Die Motivation daraus beziehst du für dein Teil aus dem Bewusstsein, zur „Elite“ zu gehören. Woher sich diese Überzeugung speist, ist mir nicht ersichtlich. So wie du von „Volk“ sprichst, gehörst du jedenfalls nicht dazu, obwohl du die proletarische Herkunft deiner Eltern so gern betonst. (Denen ich das Parvenühafte deines Auftritts nicht anlasten will.)

In Berlin bist du zu Hause, und ich vermute, dass dort viele dich einfach nur beschimpfen. Man spürt, dass du daraus noch Kraft schöpfst und in dieser Ablehnung für dich Bestätigung findest. Das wäre dann die Schabowski-Nummer, Jens Bisky. Mit Günter Schabowski müsstest du dich eigentlich ausgezeichnet verstehen. (Und du vergisst hoffentlich nicht, dass du nicht besser bist als er, sondern jünger.) Oder auch mit Wolf Biermann. Als ich den das letzte Mal sah, sang er hingebungsvoll sein neues Schlaflied mit dem Refrain „Nur wer sich ändert, bleibt sich treu". Das Publikum teilte sich in die Begeisterten und die Angewiderten. Ich saß dabei und dachte: Kriegt dieser Biermann wirklich nichts mehr mit? Dieses Lied hat alles Zeug dazu, als die Welthymne des Wendehalses in die Geschichte einzugehen. Nach dieser Sanges- und Denkart gebührt die Palme dem Chamäleon, das sich pro Tag vielleicht zweihundert Mal ändert und sich dabei selbstverständlich immer treu bleibt. Biermann ist Künstler, und in dieser Sphäre bestimmen Eitelkeit und Neurosen das Geschehen, machen wir uns nichts vor. Alles, was Biermann tat und tut, begeht und beging er manisch. Manisch hat er einstmals die DDR verteidigt, und genau so manisch griff er sie später an. So gesehen hat sich Biermann übrigens tatsächlich nicht geändert und ist sich immer treu geblieben. Ob die Parole lautet „Zieht die Mauer hoch" oder „Bomben auf Bagdad" – ein Biermann spielt dazu auf. Bei Heiner Müller habe ich gefunden, dass Biermann 1961 sogar ein Theaterstück geschrieben hat, das den Mauerbau feierte. So blöd, das auch noch aufführen zu lassen, war die Agitationskommission der SED aber nicht. Und dass die CDU einen vehementen intellektuellen Befürworter des Mauerbaus mal als Berliner Ehrenbürger durchbringen wird, ist dieser Partei vermutlich auch nicht an der Wiege gesungen worden.

Was das alles mit dir zu tun hat, Jens? Dass es sich mit dir ganz ähnlich verhält. Weil auch du dem Vorwende-Jens auf eben diese mitleidlose Weise sehr treu geblieben bist. Konvertierte sind in ihrer neuen Religion die Orthodoxen, das ist eine alte Menschheitserfahrung. Noch unduldsamer als damals bist du heute. Dein fester Unwille, dich in die heute als gegnerisch oder gar feindlich empfundene Seite hineinzudenken (die einmal die deinige war), ist so borniert, das Ganze erinnert so sehr an ein FDJ-Studienjahr mit umgekehrtem Vorzeichen, dass es den Atem nimmt. Menschen wie du, Jens, verhalten sich wie im Kampf eroberte Geschütze, die einfach umgedreht und auf ihre frühere Bedienung abgefeuert werden. Man halte sich vor Augen: Wir befinden uns im geistigen Bereich! Jetzt soll schlicht und einfach das Gegenteil des einstmals Gewussten wahr sein? Foul is fair and fair is foul? Deine Unwilligkeit, der neuerdings als gegnerisch erkannten Seite die geringste Berechtigung zuzugestehen, ist total. Demokratie herrscht dort, wo ich diktiere, oder was? Wichtig dabei für mich: Es ist eben nicht die Unwilligkeit eines im Westen Geprägten, dem ich an dieser Stelle weniger übel nehmen würde. Der könnte es – im Unterschied zu dir – nicht besser wissen. So merkwürdig dir das erscheinen mag: Während du auf deine Art der alte geblieben bist, haben jene, die du beschimpfst, einen Wandlungsprozess hinter sich gebracht. Die mussten sich in einer neuen Rolle zurechtfinden. Die PDS-Großväter waren gezwungen, sich zu ändern, Jens. Du bist dir treu geblieben. Im Biermannschen Sinne.

Auf die Wirkung bezogen, müsste man sich wenig Sorgen machen. Die Liebe, die dir aus den Feuilletonredaktionen des Westens zuströmt, wird von den einsichtsvollen unter deinen Lesern nicht geteilt. Im schlechtesten Sinne deutsch ist das ganze Unternehmen, dem du dich verschrieben hast, Jens. Du, der du dich als Propagandist allerneusten Typs bewährst. Vorschriften lassen sich Leute nur ungern machen. Und gemeinsam mit den Herren Knabe und Biermann kannst du weiter trommeln, aber ihr werdet eher das Gegenteil des von euch Beabsichtigten erreichen. Als Merkel-Biograf war ich mal der einzigen positiven Einschätzung der DDR auf der Spur, die es aus dem Munde unserer heutigen Kanzlerin je gegeben hat. In einem Interview sagte sie: „Wenn wir etwas in der DDR gelernt haben, dann ist es ein feines Gefühl für Ehrlichkeit." Natürlich bin ich nicht zur Aufforderung an dich berechtigt, darüber einmal nachzudenken.

Nein, ich will es nicht nur dir, sondern auch mir nicht zu leicht machen. Und ich sage ausdrücklich sowie feierlich: Anpassung ist gestattet. Sie muss in Umbruchzeiten, wie sie vor 17 Jahren vorgingen, gestattet sein. Das nahmen Millionen für sich in Anspruch, es blieb ihnen doch gar nichts anderes übrig. Auch ein Parteikader vom Scheitel bis zur Sohle, wie du einer warst, darf sich anpassen. (Nenne es meinetwegen zu höheren Einsichten gelangen.) Keine Frage, und die wenigen, die das nicht nötig hatten, sind zu beneiden, weil sie offenbar so frei gewesen sind. Die meisten der vielen anderen mussten sich irgendwie retten, durchkommen eben. Das begründet keinen Vorwurf. Nichts Menschliches ist mir fremd. Unsere Berufskollegen, wenn sie Familie haben, sind an dieser Stelle keineswegs frei. Sie würden es sich und man würde es ihnen nicht verzeihen, um einiger Sprüche willen ein nettes monatliches Einkommen aufs Spiel zu setzen. Die schreiben heute ihre Kommentare, die im Allgemeinen auch nur Pflichtmeinungen neueren Typs sind und mehr oder weniger peinlich. Aber sie gehen dabei zumeist keinen Schritt weiter als sie müssen. Und sie verwechseln diese Situation – wenn sie ehrlich sind jedenfalls – im Unterschied zu dir nicht mit Freiheit, Jens. Und was diese Kollegen weiterhin von dir unterscheidet, ist, dass du dem noch eine Weihe verleihen möchtest. Keiner bringt die Arie „Einst war ich dumm, heut bin ich klug" so schön über die Lippen wie du. Und ich bin sicher, dein Schaden ist es nicht.

Natürlich weiß ich, wie frei und beweglich du im Unterschied zu den DDR-Tagen heute bist. Von Menschen, die in deiner Freiheit schwelgen, hat unser aller Vorbildjournalist Egon Erwin Kisch mal gesagt: „Wenn Kollegen sich brüsten, sie seien nie in ihrem Leben im Schreiben beschränkt worden, nie würde ihnen ein Gedanke gestrichen, so ist das nur ein Beweis dafür, dass sie sich von selbst innerhalb der Zensurgrenzen bewegen, ihre Denkweise nirgends über die Hürden der vorgeschriebenen Ideologie hinaus strebt." Lange Zeit hat der wichtigste deutsche Journalistenpreis den Namen Kischs getragen, jetzt ja wohl nicht mehr. Die Journalisten in der DDR waren sich ihrer Grenzen wenigstens noch bewusst, Jens. Weil die Wahrheit in diesem Punkt über deine Kräfte gehen würde, muss es jetzt die Suggestion erledigen. Dir bleibt nichts anderes übrig, als an deine albernen Thesen wirklich zu glauben.

An einer Stelle deines Buches „Geboren am 13. August" hast du deine Mutter vor aller Welt bloßgestellt und geschildert, wie sie – möglicherweise – Berichte für das MfS geschrieben hat. Ich frage mich, Jens, wem hast du das geschuldet? Dir selbst? Deinen neuen

Freunden? Deinem neuen Klassenstandpunkt? Ist dir mal aufgefallen, dass nicht einer der vielen West-Promis in seiner Biografie beschreibt, wie emsig seine Eltern dem Hitler gedient haben? Kann man ihnen das übelnehmen? Man kann es nicht! Keine „Ehrlichkeit“ der Welt darf so ein monströses Werk in Gang setzen wollen, in dem Kinder ihre Eltern ans Messer liefern. Warum wohl können in halbwegs zivilisierten Staaten Kinder nicht gezwungen werden, vor Gericht gegen ihre Eltern auszusagen? Weil jeglicher Wahrheits- oder Erkenntnisgewinn daraus in keinem Verhältnis zum moralischen Preis steht, der dafür entrichtet wird. Die übertriffst du alle, Jens, aber Klassenbester warst du ja schon immer.

Ja, auch ein bekennender einstiger DDR-Bürger besitzt das Recht, die Verhältnisse in der DDR nachträglich zu kritisieren. Zweifellos. Ohnehin ist bemerkenswert, wie heutzutage das Bedürfnis anschwillt, auf dem vor 17 Jahren verendeten Löwen herumzuhüpfen und herumzutrampeln. Da ist ein regelrechter Wettlauf im Gange, du bist längst nicht der Einzige. Wie soll man diesen lächerlichen Tanz nennen? Männerstolz vor Königsthronen? Ich will dem Unternehmen gar nicht so sehr vorwerfen, dass es nicht eine einzige der heutigen politischen Fragen beantwortet. Wichtiger ist, dass es – gewollt oder ungewollt – eine reine Ablenkungsfunktion erfüllt und vernebelt, wie rat- und ideenlos das politische und journalistische Establishment heute ist. Mich fasziniert dabei das Beschwörerische des Verfahrens. So, als müsstet ihr euch immer wieder notorisch und hämmernd versichern: So, wie es gelaufen ist, war es richtig, richtig, richtig. In deinen Schriften wird dieser Glaubenssatz mit dem Eifer des Konvertiten flachgetreten. Wirkliche innere Sicherheit und Abgeklärtheit sieht jedenfalls anders aus. Und fühlt sich anders an.

Nein, ich verschweige und relativiere die Verbrechen nicht, welche SED und die Stasi begingen. Sie haben nicht eine Million Menschen umgebracht, wie die Heere der Französischen Republik bis 1962 allein in Algerien. (Zuvor waren es anderthalb Millionen in Indochina.) Aber sie haben zweifellos Verbrechen begangen. Sie haben auch nicht den sittlich gerechtfertigten Kolonialkrieg erfunden, wie das demokratische Großbritannien. Aber ich unterstreiche es, sie haben Verbrechen begangen. Sie haben nicht zwei Millionen Zivilisten auf dem Altar der Freiheit geschlachtet, wie unsere amerikanischen Freunde in Vietnam – unter dem Beifall widerwärtiger westdeutscher Claqueure. Aber sie haben Verbrechen begangen. Von den Stasi-Verbrechen erfahren wir im Übrigen seit 17 Jahren jeden Tag, von den anderen nicht. Bei den Verbrechen unserer demokratischen Verbündeten, dieser metzelnden Nationen, hat nichts gefehlt: nicht massenhafte Folter, massenhafte Vergewaltigung, Massenerschießungen, massenhaftes Verschwinden von Gefangenen. Warum übernimmt es eigentlich in deinen Kreisen niemand, diese Dinge einmal ins Verhältnis zu setzen? Weil eine einigermaßen vorurteilsfreie Untersuchung zum Ergebnis gelangen müsste, dass Stasi-Chef Erich Mielke – gemessen an den Untaten der Demokraten – eine Art Eberhard Cohrs gewesen ist? Oder weil im weiteren ein Ergebnis wäre, dass das Problem der heutigen Debatte eben nicht die Verklärung der DDR ist, sondern die fahrlässige Idealisierung der westlichen Demokratie?

Sind ja nur Überlegungen.

Wenn du von einem Berliner Gebäude schreibst, „in dem Erich Mielke einst sein Unwesen trieb“ – warum nicht? Aber welche Töne willst du dann gegen die Massenmörder auf freiheitlich-demokratischer Grundlage anstimmen, die mit ihrer Unterstützung noch jeder faschistischen Diktatur Amerikas, Asiens oder Afrikas die Frist verlängert haben? Ja, natürlich, zweifellos, darin sind wir uns beide vollkommen einig: Erich Mielke war jahrzehntelang ein Verüber großer Verbrechen. Seinen Weg säumen Opfer. Auf die Idee allerdings, Flugzeuggeschwader unter fadenscheinigen Gründen mit Bomben und Raketen auszurüsten, sie über ein anderes Land herfallen zu lassen, ist er nicht gekommen. Das haben ihm diejenigen voraus, deren Spiel du heute spielst, Jens. Und man kann vertretbar so weit gehen zu behaupten, dass Mielke auf seine verbrecherische Art und Weise bemüht war, dass eine solche grauenhafte Situation nicht eintrat. Was verdrängen wir noch ganz erfolgreich? Wie auch immer – das alles sind Themen, davon lass besser deine Finger. Sonst lächeln sie dir bald nicht mehr so dankbar zu in München. Im TV zeigen sie zum allerwiederholtesten Male „Offiziere gegen Hitler". Frage bitte niemals öffentlich nach, Jens, ob es auch ein paar Offiziere für Hitler gegeben hat, und frage bitte auch nie öffentlich, ob es wirklich vertretbar ist, das Offizierskorps der Hitlerwehrmacht als Widerstandsorganisation anzupreisen, so wie wir es seit 17 Jahren erleben. Frage auch nicht, wie es sein kann, dass der letzte SS-Kampfkommandant von Prag, ein Obersturmführer und Adjutant des Tschechenwürgers Heydrich, nach dem Krieg Präsident der deutschen Arbeitgeberverbände werden konnte. Das alles wäre ein fruchtbares Feld für Journalisten, die es ernst meinen. Aber es ist gleichzeitig ein kurzer Abriss der Themen, die du dir besser versagst in deiner neuen Freiheit. Lass von alldem deinen Fürwitz, Jens, und hau im feierlichfeuchten Gefühl, im rechten Glauben zu sein, weiter auf Rote, Hartz-IV-Empfänger und Stasi-Rentner ein. Die sind Deutschlands Problem. Nur nicht mit den Mächtigen anlegen, Jens, verhalte dich einfach genau so, wie du es in der DDR gelernt hast. Stelle nie die falschen Fragen. Packe nichts an, was den absurden Tanz stören könnte. Dann kannst du der große Zampano bleiben.

O nein, niemand kann dir vorwerfen, du stündest nicht zu deiner Vergangenheit. „Dass ich in der Partei war, hinterlässt ein Stück Selbsthass." Jens, das klingt stark, verdammt stark. Die Selbstkritik hat viel für sich. Jetzt fehlt noch der Augenaufschlag à la Goldhagen, und die Wirkung ist perfekt. Du saßest vor uns im gebügelten schneeweißen Hemd – Weiß, das ist die Farbe der Reinheit. Dass dein Herz rein ist, wissen wir, Jens, aber beleuchten wir doch mal, wie es zu diesem inneren Leuchten kam. Ist es nicht Frucht eines beispiellosen Verdrängungsprozesses, der Menschen mit Gewissen an den Rand der Selbstzerstörung führen müsste? Du selbst beschreibst dich als gläubig und ergeben. Bist 1992 aus der PDS ausgetreten, also relativ spät. Dein Vater hat einmal bezogen auf Menschen wie dich gesagt, wer jetzt aus der Partei austritt, dem hat die alte SED besser gefallen. Das ist ein wenig ungerecht, das will ich gar nicht bestreiten. Aber auf eine unangenehme Weise originell, oder? Den Weg von den sozialistischen Eintöpfen hin zu den Münchner Fleischtöpfen bist du – so stellst du es jedenfalls dar – bedächtig gegangen. Aber letztlich entschlossen. Die Christenheit hat dich mit offenen Armen empfangen. Denn der Herr liebt das verirrte, aber schließlich heimgekehrte Schaf mehr als 99 Gerechte. Das ist es ja, was das Buch der Bücher allem so überlegen macht. Dort findet jeder, was ihm frommt. Irgendein Spruch stimmt immer.

Und zweifellos bist du im neuen Konzert eine Idealbesetzung. Denn du verkörperst für jene, die mit dem widerspenstigen Ostdeutschland ein Hühnchen zu rupfen haben, einen ungeheuren Wert, dessen bist du dir hoffentlich bewusst. Erstens: Du warst einstmals in ihren Augen einer von der schlimmsten Sorte. Zweitens: Du bist bereit, auf dieses Ostgesindel einzuschlagen, wie es keineswegs jeder deiner heutigen Kollegen bei der *Süddeutschen* über sich bringen würde. Und dann heißt du drittens auch noch Bisky.

„Die Natur suggeriert dem Kind immer einen Hass auf die Neigung des Vaters", wissen wir von Stefan Zweig. Kommen wir zum Problem des Übervaters, Jens. Nichts Menschliches ... und so weiter. An dieser Stelle sind Promi-Kinder ausnahmsweise einmal nicht zu beneiden. Die psychologischen Momente sind mir bewusst. Du bist bestrebt, aus dem Schatten eines Vaters herauszutreten, der dir doch immer so behilflich war. Ich kann dich darin leider nicht bestärken, denn das Gegenteil tritt ein. In Wirklichkeit hast du dich mit dem von dir gewählten Stil nur noch fester an ihn gebunden. Denn 80 Prozent deines Wertes liegt nicht so sehr in dem, was du schriftlich von dir gibst. Sondern in der Tatsache, dass du gegen deinen Vater zeugst und dir nichts anderes übrigbleibt, als ihm in Form des Alter Egos gegenüberzustehen. Im Willen, sich von ihm zu emanzipieren, bist du nur noch stärker unter seinen Mantel gekrochen. Das muss für dich eine bittere Wahrheit sein. Zweifellos wirst du auch weiter deine Triumphe feiern. Wir wissen auch, wo. Aber, Jens, diejenigen, welche die Umstände kennen, können sich nur abwenden. Dir kann es egal sein. Vorwärts immer, rückwärts nimmer. Amboss oder Mooshammer sein.

Dein einstiger Waffengefährte
Matthias Krauß

Ein wertloses und endloses Manöver – Fazit

Die einstige israelische Ministerpräsidentin Golda Meir hatte einmal empfohlen, Zeitgeschichte nur mit dem Bleistift zu schreiben. Die Erfahrung der Menschheit, dass Zeitgenossen ihre Epoche teils völlig anders beurteilen als die Nachwelt, ist eingängig und durchgängig zugleich. Nicht oftmals, sondern regelmäßig werden die staatlich bestallten Deuter der Gegenwart überrollt von jenen, die „auf das Ende sehen" können, um es mit den Worten Wilhelm Buschs zu sagen.

Deshalb stehen eifernde und eigensinnige Erklärer ihrer Zeit letztlich immer auf verlorenem Posten. Ein wenig ist es wie mit der Unfehlbarkeit des päpstlichen Urteils. Nicht so sehr seine Urteile, sondern sein Unfehlbarkeitsanspruch ist für das Ansehen des Papstes eine Gefahr. Denn auch kreuzbrave Katholiken wissen, dass es bezogen auf ein und denselben Gegenstand immer mal wieder verschiedene Bewertungen aus dem Lateran gegeben hat und dass die Unfehlbarkeit regelmäßig zu anderen Ergebnissen gelangt.

Dem Schicksal völliger Umbewertung wird die DDR-Zeit und auch die Phase der erneuten Vereinigung Deutschlands nicht entgehen. „Nun wächst zusammen, was zusammen gehört", hat Willy Brandt eben nicht gesagt, dazu war er zu klug. Wo dieser Satz herkommt, weiß niemand so genau. Seine Erfolgsgeschichte indessen weist auf ein zu befriedigendes Bedürfnis hin. Sonst wäre er vielleicht erfunden, aber nicht verbreitet worden.

Einige Jahre nach der Übernahme der DDR durch die Bundesrepublik setzte ein ideologisches Großmanöver ein, dem die Standarte „Aufarbeitung" voranwehte. Unter dieser Vokabel hat sich ein Netz von staatlich finanzierten Institutionen gebildet, das die Deutungshoheit über die DDR-Vergangenheit respektive die Vergangenheit des sozialistischen Weltsystems erlangen möchte.

Zwar hat sich dabei – sie sei stellvertretend genannt – die Bundesstiftung zur Aufarbeitung der SED-Diktatur vorgenommen, „die umfassende Aufarbeitung der Ursachen, Geschichte und Folgen der Diktatur in SBZ und DDR zu befördern" und die „Auseinandersetzung mit den kommunistischen Diktaturen" zu unterstützen. Doch schon von der Schwerpunktwahl her ist unübersehbar, dass diese Stiftung keine umfassende Aufarbeitung betreibt, sondern eine einseitige Schuldzuweisung. Sie schafft von ihrem Gegenstand ein negatives Zerrbild, das allenfalls Teilbereiche der geschichtlichen Wirklichkeit wiedergibt und als tatsächlich umfassende, ausgewogene Darstellung nicht taugt.

Weil die zum Teil deprimierende Wirklichkeit der ersten Nachwendejahre in den Köpfen vieler Ostdeutscher eine ausgewogene Wahrnehmung ihrer DDR-Jahre erzeugt hatte, galt es nun ideologisch zu gewinnen, was faktisch und praktisch verloren war. Nun musste damit umgegangen werden, dass den Menschen vielfach ein Licht aufgegangen war: Durch die Wende haben sie eben nicht nur viel gewonnen, sondern auch viel verloren. Als Appendix des Westens hat Ostdeutschland nicht nur Gewinne einstreichen können, sondern auch Verluste erlitten.

Der Philosoph Adorno hat seinerzeit mit seinem vielbeachteten Aufsatz „Was bedeutet: Aufarbeitung der Vergangenheit“ dem Begriff seinen positiven Klang verliehen. Gegen das weitgehend vom NS-Staat übernommene Establishment der Adenauer-Republik setzte er seine Forderung nach einer ehrlichen Bestandsaufnahme der Nazizeit, nach schonungsloser Anprangerung der Verbrechen und gegen Verklärung und Verdrängung. Ihm ging es um die Beseitigung von Defiziten. Das war für ihn Aufarbeitung.

Die professionellen Abrechner mit der DDR übernahmen dieses Wort, nutzten seinen positiven Klang, gaben dem Ganzen allerdings einen Sinn und einen Inhalt, der etwas anderes als das ist, was Adorno vorschwebte. Während der Philosoph Verschwiegenes und Verdrängtes thematisieren wollte und einen umfassenden Blick auf die Nazizeit warf, fand nun eine ständige Verbalisierung sattsam bekannter Erscheinungen statt, ferner eine thematische Verengung und Eingrenzung auf Negativ-Aspekte.

Die Institutionen der Aufarbeitung haben keineswegs im Auge, was das Wort Aufarbeitung laut Wörterbuch bedeutet. Es findet eben keine umfassende, sachliche Analyse der DDR und der Lebensumstände ihrer Bürger statt. Entgegen dem Sinngehalt des Begriffes läuft unter diesem Schlagwort heutzutage ein Vorgang ab, der allenfalls propagandistischen und agitatorischen, aber keinen aufklärerischen Wert besitzt.

Bis auf den heutigen Tag ist die zielbewusste Einseitigkeit Markenzeichen der Aufarbeitungskampagne. Themen und Fragestellungen lassen keine andere Schlussfolgerung zu. Es geht dabei nicht um eine tiefschürfende Bewertung und Ausleuchtung der Bedingungen, unter denen in der DDR gelebt und gehandelt wurde, sondern um die Verteufelung dieses Staates. Getragen ist der Prozess von einer Mentalität, die alle Verbesserungen nach der Wende als gottgewollten Erfolg preist und alle Verschlechterungen als gottgewolltes Schicksal zu verkaufen trachtet.

Natürlich werden sich die Anführer bei ihrer Beschränkung auf die DDR oder die „Diktatur" damit herausreden, dass sie gar nicht die Absicht haben, hier den Westen kritisch mit einzubeziehen, weil dies doch gar nicht „ihr Auftrag" sei. Aber eine gehaltvolle Bewertung der Verbrechen der sozialistischen Welt ist nicht möglich, ohne die der westlichen in den Blick zu nehmen. Mit dieser selbst gewählten Schmalspurlogik hat sich das Unternehmen schon von seiner Anlage her disqualifiziert. Die punktuell verbrecherische DDR endlos vorzuführen und den Westen ungeschoren davonkommen zu lassen, der einen Massenmord nach dem anderen beging, ist denkender und fühlender Menschen nicht würdig. Die Aufarbeitungsindustrie gleicht damit einem Gericht, das in seinen Statuten die Bestrafung von Diebstahl vorsieht, nicht aber die von Totschlag. Oder einem Gericht, das sich vornimmt, nur jene Straftäter zu verfolgen, die in Häusern mit geraden Nummern leben. In diesem Fall sind vielleicht immer noch die Täter das Problem, aber vor allem ist es das Gericht.

Dieser Zwang und auch das Zwanghafte des gesamten Vorgangs rührt von einem ungelösten inhaltlichen Dilemma her. Es sind drei Dinge, die im Rahmen dieserart Aufarbeitung Tabus sind, obwohl sie Grundlage der Arbeit sein müssten:

— Die vom freien Westen begangenen Verbrechen waren sehr viel schlimmer als die der DDR.
— Die DDR war – verglichen mit den geschichtlichen Etappen davor – eine glückliche Phase der deutschen Geschichte.
— Das einzige Defizit, das heute fortbesteht, ist die Verbrechensgeschichte des Westens.

Weil die Aufarbeitung von diesen entscheidenden Wahrheiten abstrahiert, sind ihre Grundlagen falsch. Wenn aber die Grundlagen falsch sind, können die Schlussfolgerungen keine richtigen sein. Unter dem Titel Aufarbeitung findet keine vernünftige Darstellung von Geschichte, sondern eher das statt, was zu DDR-Zeiten Geschichtspropaganda genannt wurde. Dieser Zwang zur Einseitigkeit, Themenarmut, Perspektivarmut ist nicht nur keine Aufarbeitung, sondern das Gegenteil davon. Und insofern handelt es sich um einen Missbrauch dieses Wortes. Erkennbar wird dies daran, dass die Aufarbeitung entscheidende Züge der Geschichte und Gegenwart nicht erklärt, dass sie unter ihrem Blickwinkel ein Buch mit sieben Siegeln bleiben müssen. Im konsequenten Willen, an die Verbrechensgeschichte von DDR und Westen zweierlei Maß anzulegen, hat dieses Bewusstsein inzwischen Züge des von George Orwell beschriebenen Zwiedenken angenommen.

Diese Bewegung mit weltanschaulicher und ideologischer Zielsetzung gewann nach der Jahrtausendwende an Breite und Intensität. Neben dem Ziel, Wendeverlierern ihre triste Gegenwart durch diese Schwarzzeichnung der Vergangenheit zu versüßen und sie von der kritischen Befragung der Gegenwart abzuhalten, hatte sie eine ganz praktische Funktion: Der Vorgang wurde institutionell und finanziell abgesichert und lieferte die Grundlage für das massenhafte Verdrängen von Ostdeutschen aus intellektuellen und Verwaltungspositionen. Ferner bot dieses bizarre ideologische Großmanöver die Basis für eine jahrzehntelange Abrechnung mit Menschen, die in der Regel nicht einmal Straftäter waren, sondern sich zumeist des „Vergehens“ schuldig gemacht hatten, mit dem Geheimdienst ihres sozialistischen Vaterlandes zusammengearbeitet zu haben. Ein Vorwurf, der keine strafrechtliche Basis besitzt und allenfalls moralisch erhoben werden kann. Weil gegen diese Menschen strafrechtlich nichts auszurichten ist, wurden sie noch Jahrzehnte später zur Kasse gebeten und einem

Abrechnungsvorgang ausgesetzt, der heftig mit rechtsstaatlichem Verständnis und auch dem von Persönlichkeitsrechten kollidiert. Die inzwischen gereifte Erkenntnis, dass der Westen sich in der Außenpolitik vom Recht (Völkerrecht) nicht mehr begrenzen lässt, findet hier ihre Entsprechung in der Innenpolitik.

Neben diesem Abrechnungsmarathon liefert die tief gestaffelte Aufarbeitungsindustrie die Grundlagen für die spezifisch deutsche Manie, Versöhnung zu verweigern. Hiermit erweist sich einmal mehr: Die Staatsform Demokratie oder Diktatur kann wechseln. Der Volkscharakter ändert sich praktisch überhaupt nicht. Die Vorkämpfer der Aufarbeitung bieten den besten Beleg für diese nüchterne Erkenntnis.

Zu DDR-Zeiten wurde untersucht, wie es vonstatten ging, den bürgerlichen „Rechtsstaat" Deutschland 1933 binnen kurzem in einen faschistischen Staat zu verwandeln. Wie war es den Juristen gelungen, die allesamt in der Kaiserzeit bzw. der Weimarer Republik studiert hatten, mit wenigen Strichen aus bürgerlichem Recht faschistisches Recht zu machen? Was immer man dazu aufzählen kann: Die erste Phase einer solchen Entwicklung besteht darin, eine Gruppe von Staatsbürgern zu definieren, für die der Schutz des Rechtes nicht mehr oder nur noch eingeschränkt gilt. Diese Phase ist mit den jahrzehntelangen Stasi-Verfolgungen zweifellos erreicht worden. Dass diese keine rechtsstaatliche Basis besitzen und schwerste Verstöße gegen geltende Rechtsgrundsätze sind, hatte der Anwalt Dr. Michael Kleine-Cosack 2011 in einem umfassenden juristischen Gutachten gegenüber dem Landtag Brandenburg dargelegt. Nach der Wende wurde im Namen des Rechtsstaats eine Gruppe von Deutschen definiert, die teilweise nicht einmal das Recht besaßen, sich vor Gericht zu verteidigen. Erst 2014 hatte das brandenburgische Verfassungsgericht die Unhaltbarkeit solcher Zustände festgestellt.

Jedoch: Nicht in der Unrechts- und auch nicht in der Verbrechensbilanz der DDR ist das Manöver Aufarbeitung begründet und gerechtfertigt. Weder hat die DDR so verheerend gewirkt wie die Phasen der deutschen Geschichte vor ihr, noch hat sie auch nur ansatzweise solche Untaten verübt wie die meisten westlichen Staaten zu ihren Lebzeiten, aber auch die anderen sozialistischen Staaten.

In der Darstellungspraxis der Aufarbeiter finden Methoden Anwendung, die in persönlichen Beziehungen von Menschen untereinander auf Ablehnung stoßen müssten. An Unbehagen, Bedenken und Kritik an der Aufarbeitung hat es nie gefehlt, sie prallten aber eher ab. Vor allem auch, weil Politik und Medien sich hier zu Handlangern gemacht hatten und bis heute als Schutzschilde wirken.

Die Gründe dafür, warum die DDR und ihr Ministerium für Staatssicherheit ständig als Bühnenrivale aufgerufen werden, liegen auf der Hand: Neben der schon genannten Ablenkungsfunktion und dem Bestreben, auf dieser Grundlage Ostdeutsche aus ihren Positionen zu verdrängen, erfüllt diese Aufarbeitung die Rache-Funktion. Ferner kommt darin das Bedürfnis nach einem neuen Mythos genauso zum Ausdruck wie das nach einem Prügelknaben. Die gegenwärtige Aufarbeitung nimmt die Form eines Religionsersatzes an und erfüllt für die westdeutsche Gesellschaft wie auch für ostdeutsche Konvertierte die Funktion der Reinigung. Westdeutschland will sich so von der Schande reinigen, Hitlers willige Vollstrecker geschützt und gedeckt zu haben. Und die ostdeutschen Neubekehrten können auf dieser Grundlage offensiv mit jenen abrechnen, die sich die geistige Kehrtwende nicht so leicht gemacht haben.

Der entscheidende Grund für das ungebrochene Abrechnungsmanöver, genannt Aufarbeitung, liegt aber in einer Art klassenmäßigem Bezug. Die Wut auf die DDR liegt auch in der Tatsache begründet, dass die schuldbeladenen deutschen Eliten – Bürgertum, Adel, Beamtenkaste, Kirche, Diplomatie und Militärführung als Erbhöfe – ein einziges Mal in der deutschen Geschichte 45 Jahre lang auf einem Drittel des deutschen Territoriums nichts zu sagen hatten. Knapp ein halbes Jahrhundert lang waren die traditionellen Machteliten dort ausgesperrt, sie, die im vergangenen Jahrhundert zweimal Deutschlands Unglück gewesen sind. Das ist der Antrieb ihres Hasses, und deshalb darf die Aufarbeitung niemals enden.

Happy End?

Dieses Gedicht – frei nach Kurt Tucholsky – ist den Betrachtungen zur Geschichte im öffentlich-rechtlichen Fernsehen gewidmet.

Und warum wird beim Happy End
im Fernsehn immer abjeblendt?
Man sieht im Glanz des Feuerwerks
den Mauertanz mit offnem Herz.
Doch Böller könn nich immer brenn.
Na, und denn?

Ja, warum wird beim Happy End
im Fernsehn immer ableblendt?
Du sieht se Sekt aus Flaschen trinken,
sich weinend in die Arme sinken.
Doch könn se doch nich ewich flenn.
Na, und denn?

Filme, Soaps und Dokumente
haben dieses schöne Ente,
was die Deutschnation erhebt,
und über alle Wolken trägt.
Doch müssmer uns noch morgen kenn.
Na, und denn?

Ja, frei sind jetzt die Fernsehsender
mit Kirche, Sex und Kinderschänder.
Man hat, wonach man immer gierte:
Nutella, Jacobs, Prostig'ierte.
Doch kannst mit den nich immer penn.
Na, und denn?

Auf den spanschen Balearen
bräunt Ossimann in hellen Scharen.
Ohne Grenzen is die Welt
und hart und härta ist det Jeld.
Doch leer is bald der Beutel denn.
Na, und denn?

Dann beginnen froh die Balz
Mauerspecht und Wendehals,
legen sonderbare Eier
dir in deine Lebensleier.

Nach nationaler Riesensause
jehste stillvergnügt nach Hause.
Und aus deinem alten Haus
guckt der Altbesitzer raus.

Der Wessi sagt: Ick bün all dor.
Die Sache kommt dir spanisch vor.
Die Einheit ist auf bestem Wege,
von Einigung war nie die Rede.

Uff Arbeet fliegt zuerst der Neger.
Jott sei Dank, man is ja kena.
Stasimann, der produziert,
is als nächstes abjeschmiert.

Bald bist auch du in hohem Bogen
aus de Firma rausjeflogen.
Und du sagst dir selbstjewiss,
dass fliegen doch det Schönste is.

Weil er niemals Arbeet hatte,
liegt dein Jüngster uff de Matte.
Allein dieser Schlaf im Mief
schützt vor jedem blauen Brief.

In neue Villen umjezogen
Sind derweil die Pädagogen.
Sie gehörn jetzt zu den Reichen,
die sich mit dir nich mehr vergleichen.

Nach Jahresfrist verpasst man dir
schmunzelnd eine hartzig Vier.
Det is allet ziemlich eklig,
doch offenbar sozialverträglich.

Nachbar zahlt in seine Rente.
Ja, wenn man dit selbst noch könnte.
Doch die Bescheide zeigen, der
hat am Ende och nich mehr.

Soldaten, die im Sand verrecken,
Enkelchen übt Fähnchen stecken.
Bis et selber, bei Bedarf
tapfer mitmarschieren darf.

Im TV, da sagt man dir:
Sei froh und glücklich, so wie wir.
Den paar, die immer noch nich lachen,
den werden wir noch Beine machen.

Banken krachen, Schulden steigen.
Zukunftsblick lass lieber bleiben.
Schön und gut war einst die Kunde,
Jefolgt von langer Jeisterstunde.

Is det überhaupt noch wahr,
wie's damals auf der Mauer war?
Als sich der Wahnsinnsschrei entwand
Zum einig-deutschen Vaterland?

Drum wird beim deutschen Happy End
im Fernsehn immer abjeblendt.
Weiterfilmen is nich üblich,
andernfalls wird's unjemütlich.

ISBN 978-3-360-01877-9

Umschlaggestaltung: Verlag
Druck und Bindung: Korrekt, Ungarn

Die Bücher der edition ost und des Verlags Das Neue Berlin
erscheinen in der Eulenspiegel Verlagsgruppe.

www.eulenspiegel.com